上海市工程建设规范

城市自然通风地下道路工程设计标准

Design standard for urban underground road with natural ventilation

DG/TJ 08—2386—2021
J 16747—2021

主编单位:上海市城市建设设计研究总院(集团)有限公司
上海城投公路投资(集团)有限公司
批准部门:上海市住房和城乡建设管理委员会
施行日期:2022 年 5 月 1 日

同济大学出版社

2022 上海

图书在版编目(CIP)数据

城市自然通风地下道路工程设计标准/上海市城市建设设计研究总院(集团)有限公司，上海城投公路投资(集团)有限公司主编. —上海：同济大学出版社，2022.8

ISBN 978-7-5765-0244-2

Ⅰ.①城… Ⅱ.①上…②上… Ⅲ.①城市隧道—隧道工程—自然通风—工程设计—技术标准—上海 Ⅳ.①U459.9-65

中国版本图书馆 CIP 数据核字(2022)第 100336 号

城市自然通风地下道路工程设计标准

上海市城市建设设计研究总院(集团)有限公司
上海城投公路投资(集团)有限公司 主编

责任编辑 朱 勇
责任校对 徐春莲
封面设计 陈益平

出版发行 同济大学出版社 www.tongjipress.com.cn
(地址：上海市四平路 1239 号 邮编：200092 电话：021－65985622)
经　　销 全国各地新华书店
印　　刷 浦江求真印务有限公司
开　　本 889mm×1194mm 1/32
印　　张 3.25
字　　数 87 000
版　　次 2022 年 8 月第 1 版
印　　次 2022 年 8 月第 1 次印刷
书　　号 ISBN 978-7-5765-0244-2
定　　价 35.00 元

上海市住房和城乡建设管理委员会文件

沪建标定〔2021〕827号

上海市住房和城乡建设管理委员会关于批准《城市自然通风地下道路工程设计标准》为上海市工程建设规范的通知

各有关单位：

由上海市城市建设设计研究总院（集团）有限公司和上海城投公路投资（集团）有限公司主编的《城市自然通风地下道路工程设计标准》，经我委审核，现批准为上海市工程建设规范，统一编号为DG/TJ 08—2386—2021，自2022年5月1日起实施。

本标准由上海市住房和城乡建设管理委员会负责管理，上海市城市建设设计研究总院（集团）有限公司负责解释。

特此通知。

上海市住房和城乡建设管理委员会

二〇二一年十二月十七日

前言

根据上海市住房和城乡建设管理委员会《关于印发〈2019年上海市工程建设规范、建筑标准设计编制计划〉的通知》（沪建标定〔2018〕753号）的要求，由上海市城市建设设计研究总院（集团）有限公司、上海城投公路投资（集团）有限公司组织有关单位共同调查研究，认真总结实践经验，参考有关国家、行业及地方有关标准和规范，结合上海地区实际情况、有关科研成果、文献资料，并在广泛征求意见的基础上，制定本标准。

本标准的主要内容有：总则、术语与符号、基本规定、路线设计、通风设计、排烟设计、通风设施设计、机电设施设计、防灾与救援。

各单位及相关人员在执行本标准过程中，如有意见和建议，请反馈至上海市交通委员会（地址：上海市世博村路300号1号楼；邮编：200125；E-mail：shjtbiaozhun@126.com），上海市城市建设设计研究总院（集团）有限公司（地址：上海市东方路3447号；邮编：200125；E-mail：zirantongfeng2019@163.com），上海市建筑建材业市场管理总站（地址：上海市小木桥路683号；邮编：200032；E-mail：shgcbz@163.com），以供今后修订时参考。

主 编 单 位：上海市城市建设设计研究总院（集团）有限公司
上海城投公路投资（集团）有限公司

参 编 单 位：上海市消防救援总队
同济大学

主要起草人：张银屏　闫治国　黄丽君　余　斌　姜　弘
周　挺　江　洪　王文渊　周小鹏　黄天荣
宋　飞　林　涛　苏　凯　冯　奇　尹富秋

季洪金　钱茹莹　吴晓维　杨　波　侯剑锋
周　曦　钟　健　郭庆华　狄永媚　郭　超
陈　骞　董驰斌　胡　波　黄　薇　王　鑫
贺腾飞　陈鼐基　李晶玮　陈思佳　李雪峰

主要审查人：黄少文　朱　鸣　王　曦　奚　峰　倪　丹
沈　蓉　郭志清

上海市建筑建材业市场管理总站

目　次

Contents

1 总 则

1.0.1 为使城市自然通风地下道路工程的设计符合安全可靠、功能合理、技术先进、经济适用和节能环保的要求，制定本标准。

1.0.2 本标准适用于采用自然通风方式的机动车专用城市地下道路工程设计。其他同类工程设计在技术条件相同下也可适用。

1.0.3 城市自然通风地下道路工程的设计除应符合本标准的规定外，尚应符合国家、行业和本市现行有关标准的规定。

2 术语与符号

2.1 术 语

2.1.1 城市自然通风地下道路 urban underground road with natural ventilation

正常工况及交通阻滞工况时利用交通通风力、热压差及自然通风力实现通风功能，火灾工况时利用火灾热烟气流的浮力和外部风压作用实现排烟功能，修建于地表以下供机动车通行的城市地下道路，以下简称“地下道路”。

2.1.2 通风井 ventilation shaft

地下道路设置的与地表连通的通风换气、排烟通道。

2.1.3 热压差 pressure-difference induced by heat

地下道路内部与外界的温度、气压不同而在通风井内产生的压差。

2.1.4 自然通风力 natural wind pressure

仅由自然条件引起的进出洞口压力差在地下道路内形成的通风力。

2.1.5 交通通风力 traffic air pressure

地下道路内仅由车辆行驶所产生的活塞效应带动地下道路内部空气流动而产生的通风力。

2.1.6 一氧化碳设计浓度 carbon monoxide concentration

单位体积被污染空气中含有一氧化碳(CO)的体积，用体积浓度计量。

2.1.7 烟雾设计浓度 smoke concentration

烟雾对空气的污染程度，通过测定污染空气中 100 m 距离的烟雾光透过率来确定，表示洞内能见度的指标，也称消光系数。

2.1.8 二氧化氮设计浓度 nitrogen dioxide concentration

单位体积被污染空气中含有二氧化氮（NO_2）的体积，用体积浓度计量。

2.1.9 局部阻力 local resistance

空气流经地下道路或通风井突然扩大或缩小、转弯、交岔、汇合等变化处的阻力。

2.1.10 沿程阻力 frictional resistance

空气在地下道路或通风井中流动时与壁面摩擦的阻力。

2.2 符 号

A——地下道路断面面积或通风井断面面积（m^2）

A_{cs}——小汽车正面投影面积（m^2）；

A_{cl}——大汽车正面投影面积（m^2）；

A_m——汽车等效阻抗面积（m^2）；

A_r——地下道路的断面积（m^2）；

A_{sh}——通风井的断面积（m^2）；

B_{sh}——通风井纵向开口长度（m）；

D——地下道路断面当量直径或通风井断面当量直径（m）；

D_r——地下道路断面当量直径（m）；

D_{sh}——通风井断面当量直径（m）；

F——汇水面积（hm^2）；

g——重力加速度（m/s^2）；

H_r——地下道路高度（m）；

H_{sh}——通风井高度（m）；

h_{sh}——通风井开口高度（m）；

i_s——地下道路坡度（%）；

K——烟雾设计浓度、消光系数（$10^{-3}/m$）；

L——地下道路分支长度或通风井分支长度(m);

L_r——地下道路分支长度(m);

L_{sh}——通风井分支长度(m);

$L_{r\text{-}total}$——地下道路暗埋段长度,即进洞口到出洞口的长度(m);

L_{in}——地下道路中间段亮度(cd/m^2);

L_s——坡面流的长度(m);

m_1——地面粗糙系数;

N——地下道路设计小时交通量(veh/h);

N_{in}——地下道路中一条车道的设计小时交通量(veh/h·ln);

n——地下道路分支内的车辆数(veh);

n_+——地下道路分支内与风速同向车辆数(veh);

n_-——地下道路分支内与风速反向车辆数(veh);

P——设计暴雨重现期(年);

p——隧址大气压(kPa);

p_r——地下道路内大气压(kPa);

p_0——标准大气压(kPa);

Q——地下道路内或通风井内的风量(m^3/s);

$Q_{r(i-1)}$——第 i 个通风井与第 $i-1$ 个通风井间地下道路段内的风量(m^3/s);

Q_{ri}——第 i 个通风井与第 $i+1$ 个通风井间地下道路段内的风量(m^3/s);

Q_r——地下道路分支内的风量(m^3/s);

Q_{sh}——通风井风量(m^3/s),气流流入地下道路内为负值,流出地下道路为正值;Q_{sh}^- 表示气流流入地下道路内,Q_{sh}^+ 表示气流流出地下道路;

$Q_{sh\,i}$——第 i 个通风井的风量(m^3/s),气流流入地下道路内为负值,流出地下道路为正值;

Q_s——雨水设计流量(L/s);

q——设计暴雨强度[L/(s·hm^2)];

r_1——大型车比例；

R——地下道路内或通风井内的沿程风阻和局部风阻之和（kg/m^7）；

R_λ——地下道路内或通风井内的沿程风阻（kg/m^7）；

R_ξ——地下道路内或通风井内的局部风阻（kg/m^7）；

S——通风井间距（m）；

T——隧址气温（K）；

T_r——地下道路内气温（K）；

$T_{r(i-1)}$——第 i 个通风井与第 $i-1$ 个通风井间地下道路段内的空气温度（K）；

T_{ri}——第 i 个通风井与第 $i+1$ 个通风井间地下道路段内的空气温度（K）；

T_0——标准气温（K）；

t——坡面集水时间（min）；

v——地下道路内或通风井内实际风速（m/s），地下道路风速与车辆通行方向一致为正，通风井气流流出地下道路为正值，反之为负；

v_r——地下道路内实际风速（m/s）；

v_{sh}——通风井内实际风速（m/s）；

$v_{n\text{-}r}$——由自然通风力引起的地下道路内风速（m/s）；

$v_{n\text{-}sh}$——由自然通风力引起的通风井内风速（m/s）；

v_t——地下道路内的车辆车速（m/s）；

$v_{t(+)}$——地下道路内与风速同向车辆车速（m/s）；

$v_{t(-)}$——地下道路内与风速反向车辆车速（m/s）；

W_{sh}——通风井横向开口宽度（m）；

W_r——地下道路宽度（m）；

Z_{sh}——通风井竖直高度（m）；

Δ_i——第 i 个通风井与第 $i+1$ 个通风井间地下道路段内的 CO 或 NO_2 增量（m^3/s）；

Δ_i'——第 i 个通风井与第 $i+1$ 个通风井间地下道路段内的烟雾增量(m^2/s)；

ΔP_t——地下道路内的交通通风力(Pa)；

ΔP_m——地下道路内的自然通风力(Pa)；

ΔP_{m-r}——地下道路内的自然通风力(Pa)；

ΔP_{m-sh}——通风井内的自然通风力(Pa)；

ΔP_r——地下道路内或通风井内的通风阻力(Pa)；

ΔP_{r-r}——地下道路内的通风阻力(Pa)；

ΔP_{r-sh}——通风井内的通风阻力(Pa)；

ΔP_{ps}——通风井内的热压差(Pa)；

λ——沿程阻力系数；

λ_r——地下道路分支的沿程阻力系数；

λ_{sh}——通风井分支的沿程阻力系数；

ρ——空气密度(kg/m^3)；

ζ——局部阻力系数；

ζ_r——地下道路分支的局部阻力系数；

ζ_{sh}——通风井分支的局部阻力系数；

ζ_{e-r}——地下道路分支入口局部阻力系数；

ζ_{e-sh}——通风井入口局部阻力系数；

ξ_{c1}——小型车的空气阻力系数；

ξ_{c2}——大型车的空气阻力系数；

δ_i——第 i 个通风井与第 $i+1$ 个通风井间地下道路段内的 CO 或 NO_2浓度(ppm)；

δ_{i-1}——第 i 个通风井与第 $i-1$ 个通风井间地下道路段内的 CO 或 NO_2浓度(ppm)；

δ_i'——第 i 个通风井与第 $i+1$ 个通风井间地下道路段内的烟雾浓度(m^{-1})；

δ_{i-1}'——第 i 个通风井与第 $i-1$ 个通风井间地下道路段内的烟雾浓度(m^{-1})；

Φ——区段范围内的排烟效率；
φ_i——区段范围内第 i 个通风井的排烟效率；
Ψ——径流系数。

3 基本规定

3.0.1 地下道路设计应以城市总体规划为指导，以控制性详细规划、城市交通规划为依据，并应与环境保护和防灾等专项规划相协调。

3.0.2 地下道路线位的确定，应根据规划线路走向，在工程条件、社会人文和环境保护条件调查的基础上，综合比选线路轴线位置、平纵线形、洞口位置、通风井设置、与两端路网连接条件、交通集散条件、交通功能发挥等因素，提出推荐方案。

3.0.3 地下道路应同时满足正常工况及交通阻滞工况时的通风要求及火灾事故时的排烟要求。

3.0.4 地下道路应按不考虑易燃、易爆及其他危险品车辆通行条件进行设计。

3.0.5 地下道路宜积极应用信息化、智能化技术。

3.0.6 地下道路设计应符合国家环保政策、法规，注重环境保护和资源节约。

4 路线设计

4.1 一般规定

4.1.1 地下道路路线规划及设计应符合城市总体规划和综合交通规划的要求，并应满足功能、用地、安全、环境、社会、景观、运营等各方面要求。

4.1.2 地下道路应优选与规划、土地使用矛盾小，满足工程沿线主要控制条件，与两端路网连接顺畅、高效的路线方案。

4.1.3 地下道路应避免穿越工程地质、水文地质特别复杂及严重不良地质段。必须穿越时，应采取针对性的、安全可靠的工程技术措施。

4.1.4 地下道路应与相邻市政管线、轨道交通设施、综合管廊及地下文物等其他地下设施统筹规划、合理布局，同时应协调好地下道路与地面道路等构筑物的关系。

4.1.5 路线设计应做到平面、纵断面和横断面相协调。路线线形应能满足相应等级道路的视距要求，并应考虑通风井设置要求。

4.2 横断面设计

4.2.1 地下道路横断面布置形式应根据建设规模、道路等级、设计速度、服务车辆类型、环境条件、通风井布置、施工方法、结构形式、设备布置、防灾和运营养护等要求合理确定。

4.2.2 地下道路及其相关地面道路的建筑限界内均不得有任何物体侵入。

4.2.3 地下道路按道路用地和交通运行特征可选用单层式横断

面或双层式横断面。

4.2.4 地下道路横断面由机动车道、路缘带等部分组成。各组成部分的宽度应符合现行行业标准《城市地下道路工程设计规范》CJJ 221 和现行上海市工程建设规范《道路隧道设计标准》DG/TJ 08—2033 的规定。

4.2.5 地下道路横断面宜与相连地面道路一致。如条件受限，经技术经济论证后可缩减断面，且应符合下列规定：

1 应设置宽度渐变段，渐变段长度应符合现行标准要求，可适当加长。

2 洞口外 3 s 行程内的断面与地下道路内的断面应保持一致。

3 主线道路服务车辆对象有变化时，应设置出入口满足超限车辆的分流要求，并应做好相应的交通引导和管理。

4.2.6 路拱横坡度宜为 1.0%～1.5%。在圆曲线范围内设置超高，无地形条件等其他特殊情况限制时，超高横坡度不宜采用现行行业标准《城市道路路线设计规范》CJJ 193 规定的“最大值”或接近“最大值”的坡度。路拱采用双向路拱坡度时，超高过渡方式宜为绕各自路面中心线旋转，使两侧车行道各自成为独立的超高横断面。

4.3 平面设计

4.3.1 地下道路平面线形应根据路线走向、施工方法、地形地质条件、沿线障碍物等因素确定，直线、平曲线、缓和曲线、超高、加宽等平面设计应符合现行行业标准《城市道路路线设计规范》CJJ 193 的规定。

4.3.2 设超高圆曲线的最小半径宜采用大于或接近现行行业标准《城市道路路线设计规范》CJJ 193 规定的设超高圆曲线最小半径“一般值”。条件受限、需采用设超高圆曲线最小半径“极限值”时，应对行车安全性、设施设备和运营费用、工程经济性等作充分的技术、经济综合论证。

4.3.3 地下道路与地面道路设计中心线走向一致时，通风井井口宜连续设置在地面道路中间分隔带中或地面道路两侧分隔带中，分隔带宽度不宜小于 3 m，且井口不应与其他设施及绿化相互干扰。

4.3.4 通风井井口设置于地面道路交叉口视距三角形范围内时，不应妨碍驾驶员视线。

4.3.5 地下道路洞口内外，按设计速度计算的 3 s 行程长度范围内，平面线形应保持一致，有条件时长度宜按 5 s 设计速度的行程计算。

4.3.6 地下道路接地后与平面交叉口衔接时，出入口与接地点的布置应符合下列要求：

1 出口接地点与无信号控制平面交叉口的停车线距离不宜小于 2 倍停车视距。条件受限时，经视距验算可适当减小，但不应小于 1.5 倍停车视距。

2 出口接地点与信号控制交叉口的停车线距离不宜小于 1.5 倍停车视距。条件受限时，经视距验算可适当减小，但不应小于 1 倍停车视距。

3 出入口接地点与平面交叉口停车线距离应根据交叉口红灯期间车辆排队长度以及车辆转换车道的交织段长度综合确定。

4.4 纵断面设计

4.4.1 地下道路纵断面线形应根据路网规划控制高程、道路净高、地质条件、通风井及地下管网等设施布置、道路排水、覆土厚度等要求，综合交通安全、施工工艺、建设期间工程费用与运营期间的经济效益、节能环保等因素合理确定。

4.4.2 地下道路纵坡宜平缓，宜选用较小的纵坡。最小纵坡不应小于 0.3%。最大纵坡宜采用小于或接近现行行业标准《城市道路路线设计规范》CJJ 193 规定的机动车道最大纵坡“一般值”。条件受限、需采用最大纵坡“极限值”时，应对行车安全性、设施设备和运营费用、工程经济性等作充分的技术、经济综合论证。

4.4.3 竖曲线最小半径宜采用大于或接近现行行业标准《城市道路路线设计规范》CJJ 193 规定的竖曲线最小半径“一般值”。条件受限、需采用竖曲线最小半径“极限值”时，应对行车安全性、设施设备、运营费用和工程经济性等作充分的技术、经济综合论证。

4.4.4 洞口外敞开段的纵坡宜大于 3%。洞口接地点外的接线道路宜设置反坡形成驼峰，驼峰高度应根据排水重现期、地形、道路功能等级等综合确定且不应小于 0.3 m。

4.4.5 洞口内外各 3 s 设计速度行程长度范围内的纵断面线形应一致，有条件时，其长度宜按 5 s 设计速度的行程计算。

5 通风设计

5.1 一般规定

5.1.1 通风系统设计应综合考虑道路等级、工程规模、路线设计、交通规模、环境保护等因素。

5.1.2 通风系统设计应能稀释机动车排放的一氧化碳(CO)、二氧化氮(NO_2)及烟雾。

5.1.3 地下道路内部污染物浓度应满足本标准第5.2节的相关设计标准;出入口及各通风井出口处污染物排放应满足环境影响报告书的要求。

5.1.4 地下道路宜在暗埋段及通风井内实时监测风速、压力及污染物浓度。

5.2 设计标准

5.2.1 地下道路内一氧化碳(CO)和烟雾设计浓度应按表5.2.1取值。

表 5.2.1 一氧化碳(CO)和烟雾设计浓度

车速 V(km/h)或工况	CO(ppm)		烟雾设计浓度 消光系数 $K(10^{-3}/m)$	
	一般阻滞	日常阻滞	一般阻滞	日常阻滞
$V>40$	70	70	5	5
$40\geqslant V>20$	70	70	7	7
$V\leqslant 20$	100	70	9	7
关闭地下道路	200	200	12	12
养护维修	20	20	3	3

5.2.2 正常工况及交通阻滞工况下，地下道路内的平均二氧化氮（NO_2）浓度不应高于 1 ppm；养护维修时，地下道路内二氧化氮（NO_2）浓度不应高于 0.12 ppm。

5.3 通风计算

5.3.1 地下道路通风井间区段或通风井与洞口间区段的污染物浓度应按式(5.3.1-1)～式(5.3.1-4)计算。

1 一氧化碳（CO）、二氧化氮（NO_2）浓度

$$\delta_i = \delta_{i-1} + \frac{\Delta_i \times 10^6}{Q_{r(i-1)} - Q_{shi}} \tag{5.3.1-1}$$

通风井为进风时：

$$\delta_i = \frac{Q_{r(i-1)}\delta_{i-1} + \Delta_i \times 10^6}{Q_{r(i-1)} - Q_{shi}} \tag{5.3.1-2}$$

式中：δ_i——第 i 个通风井与第 $i+1$ 个通风井间地下道路段内近第 $i+1$ 个通风井处的 CO 或 NO_2 浓度（ppm），当 i 表示靠近出洞口最后一个通风井时，δ_i 为出洞口处的 CO 或 NO_2 浓度（ppm）；

δ_{i-1}——第 i 个通风井与第 $i-1$ 个通风井间地下道路段内近第 i 个通风井处的 CO 或 NO_2 浓度（ppm），当 i 表示靠近进洞口第一个通风井时，δ_{i-1} 为进洞口处的 CO 或 NO_2 浓度（ppm）；

Δ_i——第 i 个通风井与第 $i+1$ 个通风井间地下道路段内的 CO 或 NO_2 增量（m^3/s），当 i 表示靠近出洞口最后一个通风井时，Δ_i 为第 i 个通风井与出洞口间地下道路段内的 CO 或 NO_2 增量（m^3/s）；

$Q_{r(i-1)}$——第 i 个通风井与第 $i-1$ 个通风井间地下道路段内的风量（m^3/s），当 i 表示靠近进洞口第一个通风井时，

$Q_{r(i-1)}$为第一个通风井与进洞口间地下道路段内的风量(m^3/s)；

Q_{shi}——第 i 个通风井的风量(m^3/s)，气流流入地下道路内为负值，流出地下道路为正值。

2 烟雾浓度

通风井为排风时：

$$\delta'_i=\delta'_{i-1}+\frac{\Delta'_i}{Q_{r(i-1)}-Q_{shi}} \tag{5.3.1-3}$$

通风井为进风时：

$$\delta'_i=\frac{Q_{r(i-1)}\delta'_{i-1}+\Delta'_i}{Q_{r(i-1)}-Q_{shi}} \tag{5.3.1-4}$$

式中：δ'_i——第 i 个通风井与第 $i+1$ 个通风井间地下道路段内近第 $i+1$ 个通风井处的烟雾浓度(m^{-1})，当 i 表示靠近出洞口最后一个通风井时，δ'_i为出洞口处的烟雾浓度(m^{-1})；

δ'_{i-1}——第 i 个通风井与第 $i-1$ 个通风井间地下道路段内近第 i 个通风井处的烟雾浓度(m^{-1})，当 i 表示靠近进洞口第一个通风井时，δ'_{i-1}为进洞口处的烟雾浓度(m^{-1})；

Δ'_i——第 i 个通风井与第 $i+1$ 个通风井间地下道路段内的烟雾增量(m^2/s)，当 i 表示靠近出洞口最后一个通风井时，Δ'_i为第 i 个通风井与出洞口间地下道路段内的烟雾增量(m^2/s)。

5.3.2 地下道路通风网络应按式(5.3.2-1)和式(5.3.2-2)进行解算。

1 风量平衡

对于通风网络中的节点(即气流分汇点)而言，按照连续性方程，流进节点的风量应等于流出该节点的风量，即

$$\sum Q = 0 \tag{5.3.2-1}$$

式中：Q——地下道路内或通风井内的风量（m^3/s）。

2 风压平衡

对于一个由不同分支组成的通风回路，其风压的代数和为零，即

$$\sum \Delta P_{t} + \left(\sum \Delta P_{r\text{-}r} + \sum \Delta P_{r\text{-}sh}\right) + \left(\sum \Delta P_{m\text{-}r} + \sum \Delta P_{m\text{-}sh}\right) + \sum \Delta P_{ps} = 0 \tag{5.3.2-2}$$

式中：ΔP_{t}——地下道路内的交通通风力（Pa）；

$\Delta P_{r\text{-}r}$——地下道路内的通风阻力（Pa）；

$\Delta P_{r\text{-}sh}$——通风井内的通风阻力（Pa）；

$\Delta P_{m\text{-}r}$——地下道路内的自然通风力（Pa）；

$\Delta P_{m\text{-}sh}$——通风井内的自然通风力（Pa）；

ΔP_{ps}——通风井内的热压差（Pa）。

5.3.3 地下道路分支的交通通风力应按式（5.3.3-1）计算。

$$\Delta P_{t} = \left[\frac{A_m}{A_r} \cdot \frac{\rho}{2} \cdot n_{+} \cdot (v_{t(+)} - v_r)^2 - \frac{A_m}{A_r} \cdot \frac{\rho}{2} \cdot n_{-} \cdot (v_{t(-)} + v_r)^2\right] \tag{5.3.3-1}$$

式中：A_m——汽车的等效阻抗面积（m^2）；

A_r——地下道路的断面积（m^2）；

ρ——空气密度（kg/m^3）；

n_{+}——地下道路分支内与风速同向车辆数（veh）；

n_{-}——地下道路分支内与风速反向车辆数（veh）；

$v_{t(+)}$——地下道路分支内与风速同向的车辆车速（m/s）；

$v_{t(-)}$——地下道路分支内与风速反向的车辆车速（m/s）；

v_r——地下道路内实际风速（m/s）。

地下道路交通方式为单向交通时，地下道路分支的交通通风力应按式(5.3.3-2)计算。当 $v_t > v_r$时，ΔP_t取“+”；当 $v_t < v_r$时，ΔP_t取“−”。

$$\Delta P_t = \pm \frac{A_m}{A_r} \cdot \frac{\rho}{2} \cdot n \cdot (v_t - v_r)^2 \tag{5.3.3-2}$$

式中：n——地下道路分支内的车辆数(veh)；

v_t——地下道路内的车辆车速(m/s)。

地下道路分支内的车辆数可按式(5.3.3-3)计算。

$$n = \frac{N \times L_r}{3\,600 \times v_t} \tag{5.3.3-3}$$

式中：N——地下道路内设计小时交通量(veh/h)；

L_r——地下道路分支长度(m)。

汽车等效阻抗面积可按式(5.3.3-4)计算。

$$A_m = (1 - r_l) \cdot A_{cs} \cdot \xi_{c1} + r_l \cdot A_{cl} \cdot \xi_{c2} \tag{5.3.3-4}$$

式中：r_l——大型车比例；

A_{cs}——小汽车正面投影面积(m^2)；

A_{cl}——大汽车正面投影面积(m^2)；

ξ_{c1}——小型车的空气阻力系数；

ξ_{c2}——大型车的空气阻力系数。

5.3.4 地下道路分支内通风阻力应按式(5.3.4)计算，方向与 v_r相反。

$$\Delta P_{r\text{-}r} = -\left(\sum \zeta_r + \lambda_r \cdot \frac{L_r}{D_r}\right) \cdot \frac{\rho}{2} \cdot v_r^2 \tag{5.3.4}$$

式中：ζ_r——地下道路分支的局部阻力系数；

λ_r——地下道路分支的沿程阻力系数；

L_r——地下道路分支长度(m)；

D_r——地下道路断面当量直径(m)；

v_r——地下道路内实际风速(m/s),地下道路风速与车辆通行方向一致为正,反之为负。

5.3.5 通风井分支内通风阻力应按式(5.3.5)计算,方向与 v_{sh} 相反。

$$\Delta P_{r\text{-}sh}=-\left(\sum\zeta_{sh}+\lambda_{sh}\cdot\frac{L_{sh}}{D_{sh}}\right)\cdot\frac{\rho}{2}\cdot v_{sh}^2 \tag{5.3.5}$$

式中:ζ_{sh}——通风井分支的局部阻力系数;

λ_{sh}——通风井分支的沿程阻力系数;

L_{sh}——通风井分支长度(m);

D_{sh}——通风井断面当量直径(m);

ρ——空气密度(kg/m^3);

v_{sh}——通风井内实际风速,气流流出为正值,反之为负(m/s)。

5.3.6 地下道路分支内自然通风力应按式(5.3.6)计算。当 $v_{n\text{-}r}$ 与 v_r 同向时,$\Delta P_{m\text{-}r}$ 取"+";当 $v_{n\text{-}r}$ 与 v_r 反向时,$\Delta P_{m\text{-}r}$ 取"−"。

$$\Delta P_{m\text{-}r}=\pm\left(1+\zeta_{e\text{-}r}+\lambda_r\cdot\frac{L_r}{D_r}\right)\cdot\frac{\rho}{2}\cdot v_{n\text{-}r}^2 \tag{5.3.6}$$

式中:$v_{n\text{-}r}$——由自然通风力引起的地下道路内风速(m/s);

$\zeta_{e\text{-}r}$——地下道路分支入口局部阻力系数。

5.3.7 通风井分支内自然通风力应按式(5.3.7)计算。当 $v_{n\text{-}sh}$ 与 v_{sh} 同向时,$\Delta P_{m\text{-}sh}$ 取"+";当 $v_{n\text{-}sh}$ 与 v_{sh} 反向时,$\Delta P_{m\text{-}sh}$ 取"−"。

$$\Delta P_{m\text{-}sh}=\pm\left(1+\zeta_{e\text{-}sh}+\lambda_{sh}\cdot\frac{L_{sh}}{D_{sh}}\right)\cdot\frac{\rho}{2}\cdot v_{n\text{-}sh}^2 \tag{5.3.7}$$

式中:$v_{n\text{-}sh}$——由自然通风力引起的通风井内风速(m/s);

$\zeta_{e\text{-}sh}$——通风井入口局部阻力系数。

5.3.8 地下道路通风井内热压差应按式(5.3.8)计算。

$$\Delta P_{ps}=\rho\cdot Z_{sh}\cdot g\cdot\left(\frac{T_0}{T_0+T}\cdot\frac{p}{p_0}-\frac{T_0}{T_0+T_r}\cdot\frac{p_r}{p_0}\right) \tag{5.3.8}$$

式中：Z_{sh}——通风井竖直高度(m)；

g——重力加速度(m/s^2)，取 9.8 m/s^2；

p_0——标准大气压(kPa)，取 101.325 kPa；

p——隧址大气压(kPa)；

T——隧址气温(K)；

p_r——地下道路内大气压(kPa)；

T_0——标准气温(K)，取 273K；

T_r——地下道路内气温(K)。

5.3.9 通风系统宜按本标准附录 A 进行设计计算。

6 排烟设计

6.1 一般规定

6.1.1 同一地下道路应按同一时间发生一次火灾考虑。

6.1.2 排烟系统设计应满足火灾排烟及人员安全疏散环境的要求。

6.1.3 地下道路火源上下游的烟气主体蔓延范围不宜大于300 m。

6.1.4 排烟系统设计应满足排烟效率要求，当不满足时应进行专项论证。

6.2 排烟计算

6.2.1 火灾强度30 MW及以下的地下道路内任意200 m区段排烟效率Φ不宜小于0.75，排烟效率应按式(6.2.1)计算。

$$\Phi = k_1\varphi_1 + (1 - k_1\varphi_1)\cdot k_2\varphi_2 + [1 - k_1\varphi_1 - (1 - k_1\varphi_1)\cdot k_2\varphi_2]\cdot k_3\varphi_3 + \cdots \tag{6.2.1}$$

式中：Φ——区段排烟效率；

k_i——第i个通风井的修正系数，当通风井距离火源≤100m时，k_i取1，当通风井距离火源>100m且≤200m时，k_i取0.8；

φ_i——区段范围内第i个通风井排烟效率。

6.2.2 当直通地面的通风井的地面进出风口采用敞口或加盖侧面开口时，地下道路火灾火源一侧的通风井排烟效率应按式(6.2.2-1)～式(6.2.2-3)计算；当通风井的地面进出风口采用加盖百叶窗或通风井为非直通地面形式时，排烟效率计算值应进行折减。

1 通风井位于单孔地下道路顶板中央(图 6. 2. 2-1)

$$\varphi=\frac{W_{sh}}{W_{r}}+\left[0.68\left(\frac{B_{sh}}{W_{r}}-0.23\frac{H_{r}}{W_{r}}\right)+0.25\frac{W_{sh}}{W_{r}}\right]\left(1-\frac{W_{sh}}{W_{r}}\right) \tag{6.2.2-1}$$

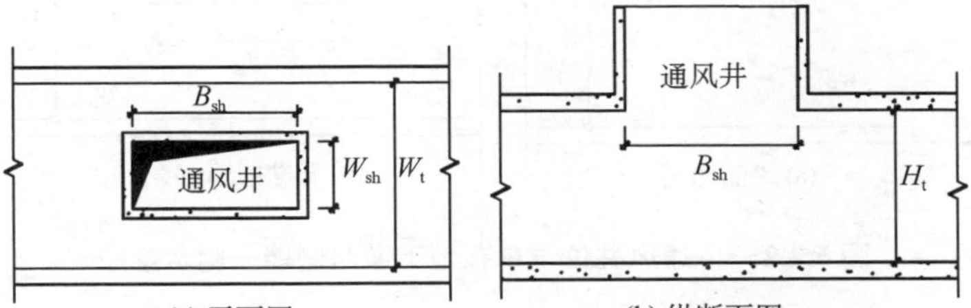

(a) 平面图　　(b) 纵断面图

图 6.2.2-1　通风井位于单孔地下道路顶板中央示意图

2 通风井位于单孔地下道路顶板一侧(图 6. 2. 2-2)

$$\varphi=\frac{W_{sh}}{W_{r}}+\left[0.34\left(\frac{B_{sh}}{W_{r}}-0.23\frac{H_{r}}{W_{r}}\right)+0.25\frac{W_{sh}}{W_{r}}\right]\left(1-\frac{W_{sh}}{W_{r}}\right) \tag{6.2.2-2}$$

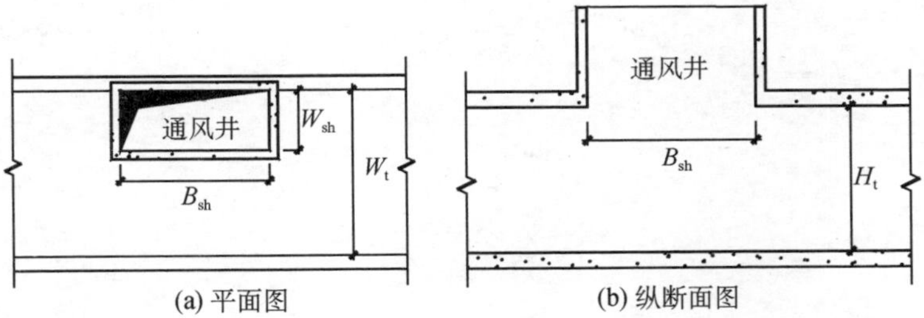

(a) 平面图　　(b) 纵断面图

图 6.2.2-2　通风井位于单孔地下道路顶板一侧示意图

3 通风井位于单孔地下道路侧墙一侧，侧墙上的通风井开口高度 h_{sh} 及 W_{sh} 均应≥0.8 m(图 6.2.2-3)。

$$\varphi = 0.35\left(\frac{B_{sh}}{W_r}\right)^{0.5} \qquad (6.2.2\text{-}3)$$

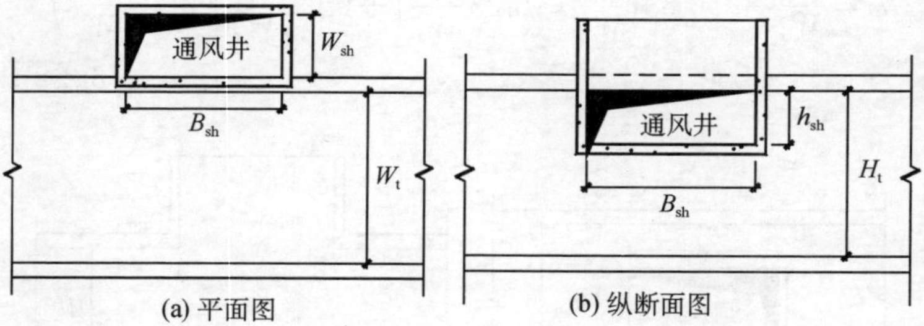

图 6.2.2-3 通风井位于单孔地下道路侧墙一侧示意图

式中：W_{sh}——通风井横向开口宽度(m)；

B_{sh}——通风井纵向开口长度(m)，B_{sh}≥2 m；

W_r——地下道路宽度(m)；

H_r——地下道路高度(m)。

7 通风设施设计

7.1 一般规定

7.1.1 通风井设施设计应综合考虑地下道路通风排烟要求、地下道路平纵线形、工程和水文地质条件、运营维护、消防救援等因素。

7.1.2 通风井井位宜避让环境敏感点。

7.1.3 通风井景观应与周围环境协调。

7.1.4 通风井不应作为地下道路火灾情况下的逃生通道，可作为消防救援辅助通道。

7.1.5 不同防火分区的通风排烟系统应各自独立。

7.2 通风井布置

7.2.1 通风井宜沿地下道路纵向间隔布置。

7.2.2 通风井宜布置在单孔地下道路顶板中央并直通地面。

7.2.3 不同防火分区的通风井平面净距不宜小于 10 m；同一防火分区的通风井平面净距不宜大于 60 m。

7.2.4 布设通风井时宜减小通风井间距、增大通风井纵向开口长度。

7.2.5 由于场地限制无法增加通风井长度时，宜沿行车方向在通风井处设置局部倒角。

7.2.6 通风井与消防专用通道出入口之间的最小水平距离不应小于 5 m。

7.2.7 通风井短边长度不应小于 1 m。

7.3 结构设计

7.3.1 结构设计应采用以概率论为基础的极限状态设计方法，以可靠指标度量结构构件的可靠度，采用分项系数的设计表达式进行设计。

7.3.2 结构设计应进行结构构件的承载能力极限状态计算及正常使用极限状态验算。

7.3.3 结构承载能力极限状态的验算应包括下列内容：

1 结构构件应进行承载力(包括失稳)验算、结构抗浮等验算。

2 有抗震设防要求时，应进行抗震承载力验算。

3 必要时尚应进行结构的倾覆、滑移验算等。

7.3.4 结构正常使用极限状态验算应包括下列内容：

1 对需要控制变形的构件，应进行变形验算。

2 对不允许出现裂缝的构件，应进行混凝土拉应力验算。

3 对允许出现裂缝的构件，应进行裂缝宽度验算。

7.3.5 地下道路结构应设置在地质条件总体较好的地段，应避免穿越明(暗)浜、杂填土、厚填土、涌突水等不良地质地段。当不可避免时，应对不良地质条件提出相应的地基处理方案。

7.3.6 地下道路结构的防水等级应根据工程的重要性、设计使用年限等，按现行国家标准《地下工程防水技术规范》GB 50108 相关要求进行取值，且不应低于二级。

7.3.7 结构变形缝不宜设在通风井所处位置。

7.4 构造及其他要求

7.4.1 通风井地面进出风口可采用敞口、加盖侧面开口、加盖侧面百叶窗等形式。当采用百叶窗形式时，有效通风面积应考虑折减系数。通风井地面周边绿化不应遮挡进出风口，绿化与进出风口的净距不应小于 0.5 m。

7.4.2 通风井地面进出风口应采取安全防护措施，并应设置警示标志。当进出风口为敞口时，应设置格栅、栏杆等防跌落措施，且高度不应小于 1.1 m。通风井地面进出风口顶部宜设挡雨、挡雪及防抛防落措施。

7.4.3 通风井口部最低点宜高出周边设计地面 1.0 m 以上，并满足当地防洪标高要求。

7.4.4 通风井口部周围的建筑材料和构造应考虑耐候防潮。

7.4.5 通风井内壁面应平滑。

7.4.6 兼作救援辅助措施的通风井应满足本标准第 9 章的相关规定。

8 机电设施设计

8.1 一般规定

8.1.1 通风井产生的雨水水量应纳入地道排水系统统一考虑。
8.1.2 机电设施布置应结合通风井结构形式统一考虑。

8.2 供配电与照明

8.2.1 地下道路内中间段亮度不应低于表 8.2.1 的规定。

表 8.2.1 地下道路内中间段亮度标准

设计速度(km/h)	L_{in}(cd/m^2)	
	单向交通	
	$N_{in}\geqslant$1 200 veh/(h·ln)	$N_{in}\leqslant$350 veh/(h·ln)
100	9.0	4.0
80	4.5	2.0
60	2.5	1.5
40	1.5	1.5

注:当交通量为中间值时,可按插入法取值。

8.2.2 地下道路内通风井处不宜采用自然光直射方式。
8.2.3 地下道路的供配电应符合现行上海市工程建设规范《道路隧道设计标准》DG/TJ 08—2033 的规定。

8.3 弱电系统

8.3.1 地下道路弱电系统应根据地下道路长度、车流量、防灾及安全运营等综合需求进行设计。

8.3.2 地下道路弱电系统可由综合监控、通信等系统组成。各系统的设计应符合现行上海市工程建设规范《道路隧道设计标准》DG/TJ 08—2033 的规定。

8.3.3 地下道路通风井应合理设置入侵探测报警系统。

8.3.4 地理位置比较靠近的多条地下道路，宜采用一体化监控和集约化管理。

8.4 给排水与消防

8.4.1 给水系统应满足下列要求：

1 给水系统的选择、用水量标准及布置要求等应按现行上海市工程建设规范《道路隧道设计标准》DG/TJ 08—2033 执行。

2 给水管道应考虑保温防冻措施。

8.4.2 排水系统应满足下列要求：

1 地下道路消防废水、冲洗废水、地下道路渗漏水及通风井的雨水经收集后接入地下道路废水泵房，经液位控制水泵提升并消能后就近排入市政排水管网。

2 地下道路引道段的雨水经收集后接入地下道路雨水泵房，经水泵提升后就近排出地下道路。地下道路排水应设独立的排水系统，其出水口必须可靠。

3 地下道路内污废水主要包括消防废水、冲洗废水及结构渗漏水。

1） 消防废水排水量同消防用水量；

2） 冲洗废水排水量同冲洗用水量；

3） 结构渗漏水排水量按每天 0.1 L/m^2 计。

4 雨水流量计算满足下列要求：

1） 地下道路引道段及通风井雨水设计流量按式(8.4.2-1)计算。

$$Q_s = q\Psi F \quad (8.4.2\text{-}1)$$

式中：Q_s——雨水设计流量（L/s）；

Ψ——径流系数，$\Psi=0.9\sim1.0$；

F——汇水面积（hm^2）；

q——设计暴雨强度［$L/(s\cdot hm^2)$］。

2）本市的暴雨强度 q 按式（8.4.2-2）计算。

$$q=\frac{1\,600(1+0.846\lg P)}{(t+7.0)^{0.656}} \quad (8.4.2\text{-}2)$$

式中：P——设计暴雨重现期（年），地下道路引道段及通风井设计暴雨重现期 P 按 50 年计；

t——坡面集水时间（min），按式（8.4.3-3）计算。

$$t=1.445\left(\frac{m_1 L_s}{\sqrt{i_s}}\right)^{0.467} \quad (8.4.3\text{-}3)$$

式中：L_s——坡面流的长度（m）；

m_1——地面粗糙系数，取 0.013；

i_s——地下道路坡度。

5 地下道路路面应设纵向排水边沟、横截沟或管道收集雨废水。

6 地下道路洞口拦截雨水的横截沟不宜少于 2 道，最低点横截沟不宜少于 1 道，横截沟尺寸应按地下道路着火及下雨两种工况同时发生产生的雨、废水量复核。

7 地下道路雨水泵房、废水泵房内均应设置备用泵。

8 废水泵房的设计规模应按通风井雨水计算流量的 1.2 倍叠加消防废水及地下道路渗漏水确定。

9 通风井雨水收集形式应结合地下道路主体结构一并考虑。

排水系统的其余设计应符合现行上海市工程建设规范《道路

隧道设计标准》DG/TJ 08—2033 的相关要求。

8.4.3 消防系统应满足下列要求：

1 地下道路的消防设施配置应符合现行上海市工程建设规范《道路隧道设计标准》DG/TJ 08—2033 及现行国家标准《建筑设计防火规范》GB 50016 的相关规定，并应满足消防救援要求。

2 地下道路内消防给水系统应与生产生活给水系统分开设置。

3 消防管道等设施布置时应尽量避开通风井处，特殊情况必须布置时，应对暴露在通风井下的消防管道等设施采取保温防冻措施。

4 消防系统的其余设计应符合现行上海市工程建设规范《道路隧道设计标准》DG/TJ 08—2033 的相关要求。

8.5 交通安全及管理设施

8.5.1 地下道路交通安全和管理设施的设计应与城市规划和交通管理相协调，应与接线地面道路的设施相匹配。

8.5.2 地下道路交通安全及管理设施布置应避让通风井。

8.5.3 通风井顶部应设置警示标志。

8.5.4 交通标志宜采用电光标志。

8.5.5 地下道路应设置反光交通标线，交通标线表面抗滑性能不应低于所在路段路面。标线涂料宜采用热熔型环保、耐久抗磨的反光涂料。

8.5.6 标志材料及零部件应环保、耐火、耐腐蚀，宜采用可回收材料。

8.5.7 标志版面应定期维护和清洁。

8.5.8 地下道路内的安全疏散指示标志、应急广播等消防设施应具备实时指导疏散救援的功能。

9 防灾与救援

9.1 一般规定

9.1.1 地下道路应设置针对火灾、水灾、地震等灾害的预防措施。

9.1.2 防灾救援疏散设计应结合地下道路结构、环境条件、交通条件和火灾危险性等因素，综合考虑各种方式的技术难度、运营维护和救援疏散效果等因素，经技术经济比较后综合确定。

9.1.3 地下道路防灾疏散救援设计应进行疏散救援设施的设置形式、规模和数量设计，以及防灾照明、供电、通信、控制、消防等设备系统设计。

9.1.4 双孔地下道路应设置人行横通道与车行横通道等设施，作为救援疏散通道；当地下道路为上、下双层结构时，宜采用上、下人行疏散楼梯间代替人行横通道。

9.1.5 有条件时，通风井宜作为救援辅助设施，并满足本标准第 9.4 节的相关要求。

9.1.6 地下道路宜建立动态式地下道路火灾疏散救援应急预案。

9.1.7 地下道路宜采用阈值动态调整的火灾预警方法。

9.2 建筑防火

9.2.1 地下道路、地下附属设备用房、通风井、消防出入口的耐火等级应为一级。地面的重要设备用房、运营管理中心的耐火等级不应低于二级。其他地面附属用房的耐火等级为二级。

9.2.2 地下道路内的装修材料除嵌缝材料外，应采用不燃材料。

9.2.3 地下道路与横通道、附属用房、疏散通道之间应采用耐火极限不低于 3 h 的防火墙、甲级防火门、防火卷帘分隔。

9.2.4 地下道路承重构件、顶部应采取防火保护措施，并应满足现行上海市工程建设规范《道路隧道设计标准》DG/TJ 08—2033 的相关要求。

9.2.5 通风井结构应采取防火保护措施，耐火极限不应低于 30 min。

9.3 疏散通道

9.3.1 地下道路人行横通道、车行横通道及相关疏散设施设计应符合下列规定：

1 人行横通道或通向人行疏散横通道的安全口间距不宜大于 100 m，车行横通道间隔不宜大于 1 000 m。

2 人行横通道或人行疏散横通道的净宽度不应小于 1.2 m，净高度不应小于 2.1 m；车行横通道的净宽度不应小于 4.0 m，净高与车道标准一致。

3 设置连通上下层道路的疏散楼梯时，其设置间距不宜大于 100 m、净宽不应小于 0.6 m、坡度不应大于 60°。

9.3.2 人行横通道、车行横通道及相关疏散设施的地面应平整、稳固，不积水、不堆放杂物。

9.3.3 地下道路的车行横通道宜靠近通风井设置。

9.4 通风井救援设施

9.4.1 通风井净尺寸不小于 1.5 m×1.5 m 时，可作为消防救援辅助设施。

9.4.2 通风井作为救援辅助设施时，应符合下列要求：

1 井内应设置消防救援爬梯。

2 地下道路路面至室外地坪高差超过 10 m 时，应利用既有条件设置供消防救援人员进出的休整平台，平台尺寸不宜小于 4 m×2 m。

3 通风井口部装置应便于开启。

9.4.3 通风井作为救援辅助设施时，周边地面场地应满足以下要求：

1 应平整、稳固，不应积水和堆放杂物。

2 设置醒目的标识，保持日常无障碍物。

3 周边场地条件应便于救援车辆到达。

9.5 应急预案

9.5.1 火灾初期阶段，应按照以应急疏散为主、应急疏散和灭火救援协调统一的原则设定安全疏散路线和灭火救援路线。

9.5.2 疏散救援方案应根据地下道路的通风排烟特性和烟气分布规律编制。

9.5.3 应急预案应有效指导乘行人员实施自救、指导消防人员实施疏散救援，地下道路乘行人员疏散时间宜小于 15 min。

9.5.4 地下道路应具备辅助消防人员实现火源位置判断、火灾态势实时评估、快速救援措施动态制定的功能。

附录 A 城市自然通风地下道路通风网络计算方法

A.0.1 地下道路通风系统设计计算宜按图 A.0.1 的流程进行。

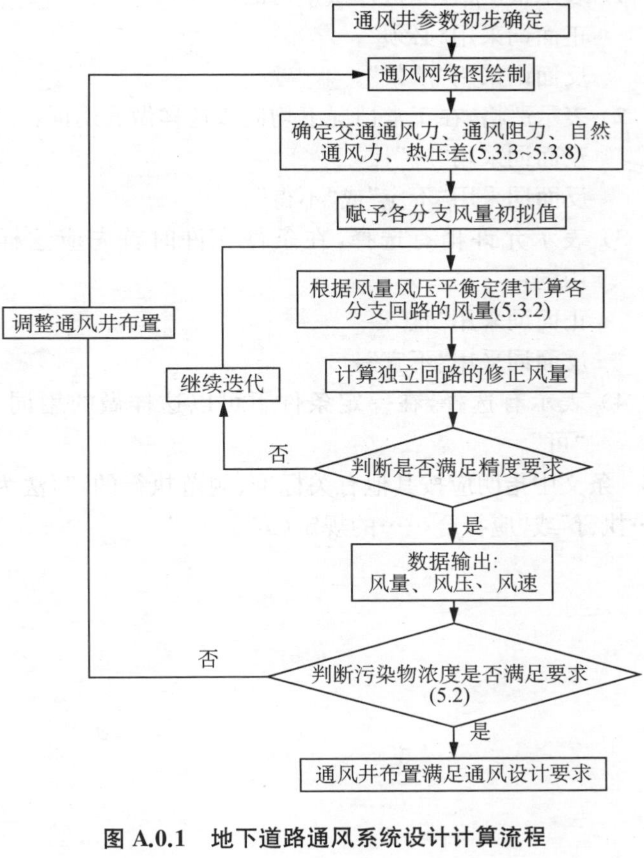

图 A.0.1 地下道路通风系统设计计算流程

本标准用词说明

1 为了便于在执行本标准条文时区别对待，对于要求严格程度不同的用词说明如下：

1） 表示很严格，非这样做不可的用词：
正面词采用“必须”；
反面词采用“严禁”。

2） 表示严格，在正常情况下均应该这样做的用词：
正面词采用“应”；
反面词采用“不应”或“不得”。

3） 表示允许稍有选择，在条件允许时首先应这样做的用词：
正面词采用“宜”；
反面词采用“不宜”。

4） 表示有选择，在一定条件下可以这样做的用词，采用“可”。

2 条文中指明应按其他有关标准、规范执行的，写法为：“应按……执行”或“应符合……的规定（或要求）”。

引用标准名录

1 《建筑设计防火规范》GB 50016

2 《地下工程防水技术规范》GB 50108

3 《城市道路路线设计规范》CJJ 193

4 《城市地下道路工程设计规范》CJJ 221

5 《公路隧道通风设计细则》JTG/T D70/2—02

6 《道路隧道设计标准》DG/TJ 08—2033

上海市工程建设规范

城市自然通风地下道路工程设计标准

DG/TJ 08—2386—2021
J 16747—2021

条 文 说 明

2022 上海

目　次

Contents

1 总 则

1.0.2 结合相关规范规定及日常运行情况，城市自然通风地下道路暗埋段长度小于 500 m 时，利用两侧敞开段可满足通风、排烟及救援、逃生需求，无需另设通风井。当地下道路暗埋段长度超过 500 m 时，一般需布置较密的、连通地表与地下道路的通风井。从经济性考虑，地下道路适宜采用明挖工法，不适宜采用盾构、顶管、沉管等工法。

3 基本规定

3.0.2 连通地表的通风井是用于满足地下道路通风、排烟要求的重要设施，而通风井的布设又受到周边地面情况、地下障碍物等条件的影响。为保证工程可实施性，需在前期充分考虑通风井布设要求并对建设条件进行充分调研，进而进行合理设计。

3.0.3 正常工况及交通阻滞工况时，地下道路内应具有符合卫生标准的空气环境，以保证地下道路中通行车辆中人员、作业人员免受有害气体的危害，并减少有害气体、湿气、高温等对地下道路结构及有关设备的腐蚀和影响。当阻滞工况下污染物浓度超过限值时，可采用地面交通疏导等管理措施控制进入地下道路的车辆数，避免地下道路内产生阻滞工况。火灾事故时，地下道路应满足安全疏散的相关要求。

当地下道路无法通过调整通风井布置来满足通风、排烟要求时，则该地下道路不适宜采用自然通风方式，应考虑采用其他通风方式。

3.0.5 地下道路应用信息化、智能化技术可实现地下道路环境状态、结构安全状态、机电设施安全状态的实时动态评估及灾害事故预警和快速应急处置的智慧化。地下道路内无机械通风设施时，更需要了解火灾工况下的烟气特征等，以确保救援工作的快速、有效。智慧运维与防灾系统应包括消防系统性能评估、隧道运行环境评估、环境异常及火灾预警、智能火灾防控决策和动态疏散救援预案等功能模块。

3.0.6 地下道路通车后一般需要大量附属设施设备来保障运营，应重视对节能环保的考虑。

4 路线设计

4.1 一般规定

4.1.4 城市地下空间资源宝贵、开发具有不可逆性，需要协调发展，统一规划，合理开发，做到资源集约化。应结合地下道路的特点、施工方法及其与邻近建(构)筑物间的安全净距等，合理确定地下道路位置，确保地下道路相关设施和周边地面建(构)筑物、地下构筑物及地下管线之间协调。应协调好井口与地面道路的位置关系，同时注意井口不应影响地面道路的道路功能及交通安全。

4.1.5 视距是地下道路和相关地面道路设计的主要技术指标之一，在道路平面上和纵断面上都应保证必要的视距。尤其应注意因自然通风要求而增设构筑物及附属设施设备可能造成视距不足的问题，在设计时应对视距加以验算。

地下道路进出洞口亮度的急剧变化会造成驾驶人明暗适应困难，是形成事故多发路段的重要原因。明暗适应过程中视觉振荡产生的视觉障碍，会使驾驶人认知反应时间延长。因此，在进出洞口应适当增加停车视距，建议进出口停车视距可提高至主线路段的 1.5 倍。设置平曲线及凹型竖曲线路段，必须进行停车视距验算。停车视距应符合现行行业标准《城市道路路线设计规范》CJJ 193 的规定。

4.2 横断面设计

4.2.2 行业标准《城市地下道路工程设计规范》CJJ 221—2015 第 3.5.3 条、《城市道路工程设计规范》CJJ 37—2012(2016 年版)

第 3.4.2 条均为强制性条文，规定道路建筑限界内不得有任何物体侵入。应注意，因地下道路采用自然通风方式而增设的构筑物及附属设施设备亦不得侵入地下道路和地面道路建筑限界。

4.2.3 单层式地下道路是指在同层布置供车辆行驶，双层式地下道路是指采用上、下双层布置供车辆行驶。

根据通风井下端在地下道路结构中的不同开孔位置，单层式地下道路一般横断面形式可分为顶式和侧式，分别如图 1～图 4 所示。双层式地下道路横断面如图 5、图 6 所示。采用双层式地下道路时，由于双层式(a)结构横断面布置形式仅在通风井处较标准段结构横断面大，有条件时应优先采用。

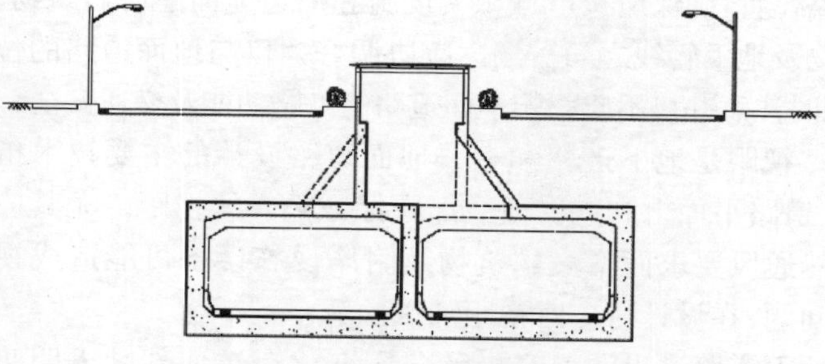

图 1 单层式地下道路顶式横断面(a)

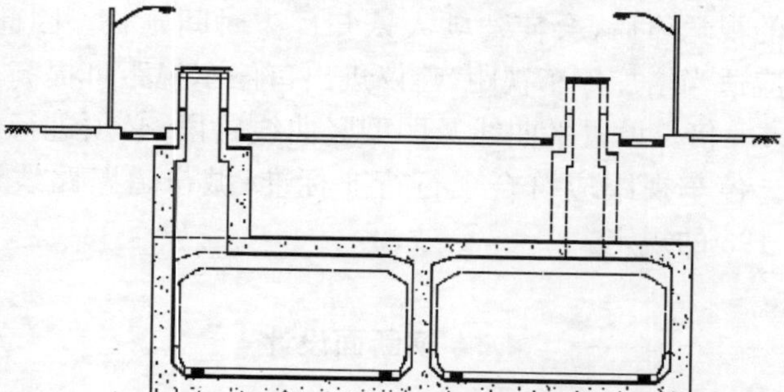

图 2 单层式地下道路顶式横断面(b)

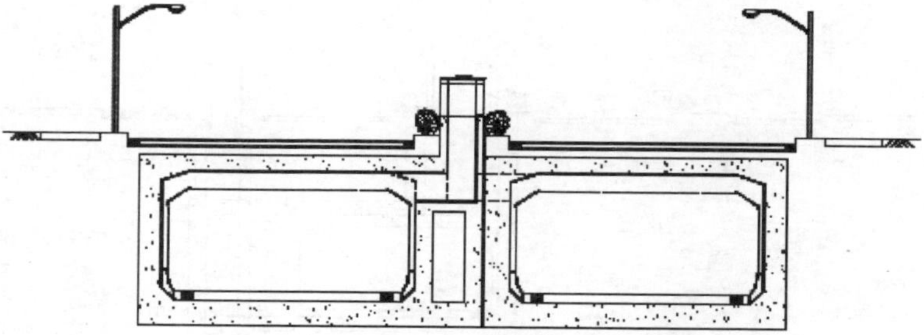

图 3　单层式地下道路侧式横断面(a)

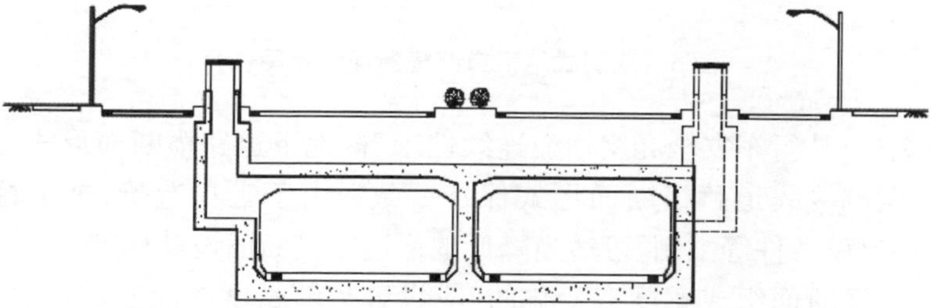

图 4　单层式地下道路侧式横断面(b)

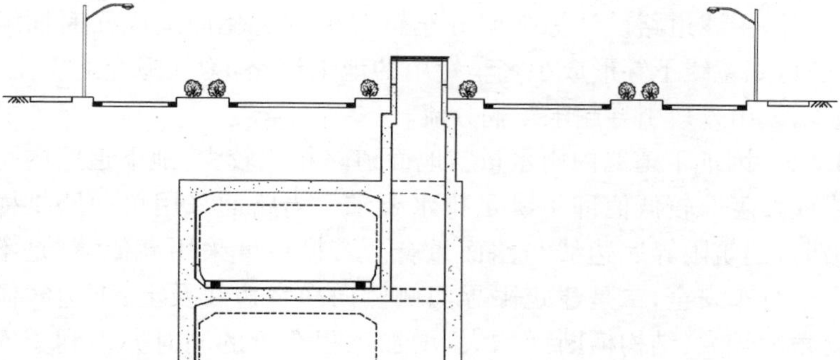

图 5　双层式地下道路横断面示意图(a)

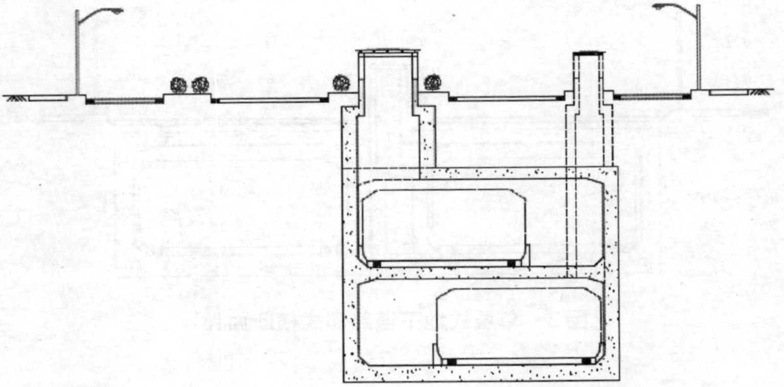

图 6　双层式地下道路横断面示意图(b)

4.2.5　从行车安全和交通流连续性来看,地下道路横断面形式应与两端接线道路横断面形式保持一致。由于工程造价、施工特点、建设条件等限制,可适当降低地下道路横断面设计标准。

横断面组成宽度有变化的,应设置足够长度的渐变段,让驾驶员逐渐适应。但洞口外 3 s 的行程断面应保持一致,以避免出现与驾驶人预期冲突的线形,提高进出洞口的安全性。

因主线道路设计标准服务车辆对象有变化而造成横断面缩减时,如主线下穿形成小客车专用的地下道路,为保障交通安全,应增设出入口引导超限车辆分流。

4.2.6　因地下道路内雨水量与地面道路相比较少,地下道路内路拱横坡度取较低值即可满足排水要求。当路面采用单向路拱横坡时,建筑限界底边线与路面重合。若横坡度采用高值,一是不利于行车安全,二是建筑限界两侧侧向净宽边线及上、下边线倾斜角度较大,结构横断面增大,增加工程造价的同时亦不利于安放附属设施设备,故推荐路拱横坡取 1%～1.5%。若通风井口敞开无遮挡且敞开面积较大,需快速排除路面积水时,也可考虑适当加大路拱横坡。

采用绕各自路面中心线旋转的超高方式，也是出于防止建筑限界两侧侧向净宽边线及上、下边线倾斜角度过大的考虑。当最大超高横坡度采用较高值时，设计时应对建筑限界进行复核。

4.3 平面设计

4.3.2 地下道路设计时宜采用较大的圆曲线半径，以减少道路线形对通风气流的阻碍作用。

4.3.3 地下道路位于地面道路下方时，通风井的布设应考虑地面道路条件，确定合理的布置形式。条件允许时，通风井井口宜连续设置在地面道路中间分隔带内或两侧分隔带中，也可设置于地面道路两侧绿化带中。

4.3.4 汽车驶近平面交叉口时，驾驶人应能看清整个交叉道路上车辆的行驶情况，以便顺利驶过交叉口或及时停车，避免碰撞。行业标准《城市道路交叉口设计规程》CJJ 152—2010 第 4.3.3 条为强制性条文，规定交叉口视距三角形范围内不得有任何高出路面1.2 m的妨碍驾驶人视线的各种障碍物。因通风井井口及井口上附属设施高出地面道路，设置于交叉口视距三角形范围内时，需满足视距要求。

4.3.5 由于地下道路洞内外行车环境差异，进出洞口的亮度急剧变化，造成驾驶人明暗适应困难，产生视觉障碍，进出洞口常成为事故多发路段。在洞内外保持一定距离的线形一致性，自然诱导驾驶人视线，避免出现与驾驶人预期冲突的线形，对提高洞口段行车安全具有重要作用。

4.4 纵断面设计

4.4.1 结构顶部覆土厚度是控制纵断面线形布置的重要因素，除考虑地质条件、管线布设、结构安全、施工工艺等因素外，还应考虑通风井设置与构造要求。

4.4.2 地下道路属于相对封闭的空间，受雨水影响小，不易积水，采用较小纵坡已能解决排水问题，保障行车安全。降低地下道路纵坡也可减小地下道路埋深，降低施工难度。

4.4.3 地下道路设计时宜采用较大的竖曲线半径，以减少道路线形对通风气流的阻碍作用。

4.4.4 模型试验结果表明，火灾发生时，洞口外敞开段纵坡在0%～3%时，增大敞开段纵坡有利于通风排烟；敞开段纵坡达3%以上时，纵坡不再对地下道路内温度场和烟气分布产生影响。因此，洞口外敞开段纵坡宜大于3%。地下道路比两端地面低，为防止周边地面雨水等汇入，通常在地下道路引道两端接地口处设计倒坡，形成驼峰。驼峰设置参考现行上海市工程建设规范《道路隧道设计标准》DG/TJ 08—2033，应根据道路等级、排水重现期、周边地形环境等综合计算确定。当地下道路总体纵断面布置受限，驼峰高程难以达到本条要求或接地点外的接线道路需采用坡向洞内的单向坡时，应在进行综合分析的基础上采取有效排水措施，如在道路两侧采取截水措施、加强引道排水等，同时还应提高周边区域的排水能力，以防止周边地面雨水等倒灌汇入地下道路。

5　通风设计

5.1　一般规定

5.1.4　根据现行上海市工程建设规范《道路隧道设计标准》DG/TJ 08—2033 的相关规定，暗埋段长度≤500 m 的地下道路可不设风速、压力及污染物浓度等参数实时监测系统。而自然通风地下道路的通风动力受外界气候条件、交通通行状况影响较大，为维持满足标准的行车环境，应加强地下道路内通风状况的实时监测，地下道路宜结合实际情况在暗埋段出口处、通风井内部等位置布设传感器以监测风速、压力及污染物浓度等参数。

5.2　设计标准

5.2.1，5.2.2　CO、NO_2 和烟雾设计浓度参照现行上海市工程建设规范《道路隧道设计标准》DG/TJ 08—2033 中相关规定。

依据世界道路协会（PIARC）2019 年的技术报告，CO 浓度及能见度限值按表 1 取值。

表 1　CO 浓度及能见度限值

交通状况	CO 浓度（ppm）	能见度
		消光系数 K（10^{-3}/m）
正常高峰交通（50 km/h～100 km/h）	70	5
日常阻滞或各车道为停滞状态	70	7
较少阻滞和停滞状态	90	9
日常维护	<100	3～7

续表1

交通状况	CO 浓度(ppm)	能见度
		消光系数 $K(10^{-3}/m)$
关闭隧道	200	12
营运隧道中的洞内养护作业	20	3

对于 NO_2 的浓度限值，PIARC(2019)推荐采用 1 ppm 作为浓度设计限值，表 2 列出了欧洲部分国家关于 NO_2 浓度设计限值的取值。

表 2　欧洲部分国家 NO_2 设计浓度限值

国别	NO_2浓度设计限值(ppm)
法国(洞内平均 15 min)	0.4
比利时(洞内平均 20 min)	0.5
比利时/瑞典(洞内平均 60 min)	0.2

5.3　通风计算

5.3.1　地下道路及各通风井内风量大小、方向可能各不相同，为保证各区段内污染物浓度均满足要求，需进行各区段最大污染物浓度的计算。

各区段内污染物浓度根据污染物排放量及区段风量计算所得，污染物排放量计算参考现行上海市工程建设规范《道路隧道设计标准》DG/TJ 08—2033 的相关规定。

5.3.3　在不设置机械通风设施的地下道路中，交通通风力将作为主要通风动力。由于地下道路被通风井分隔为不同的区段，假定车速不变、地下道路断面不变的前提下，每段地下道路的交通通风力大小主要由其长度决定，故而交通通风力应分段计算。

汽车正面投影面积、空气阻力系数的取值可参照现行行业标准《公路隧道通风设计细则》JTG/T D70/2—02 或根据工程实际情况计算确定。

5.3.4 地下道路内或通风井内的气流在流动时会与地下道路内壁产生摩擦，这种摩擦会对气流起阻碍作用，且该阻碍作用沿地下道路全程分布，故称之为沿程阻力。

地下道路的结构构造通常并非简单的直线筒型，结构内部会有开孔、转弯、面积变化等情况，道路内部气流在经过这些变化的部分时会受到摩擦阻力，这种情况所造成的压力损失称为局部阻力。

沿程阻力系数、局部阻力系数的取值可参照现行行业标准《公路隧道通风设计细则》JTG/T D70/2—02 或根据工程实际情况计算确定。

在公式(5.3.4)中，

$$\Delta P_{\mathrm{r-r}} = -\left(\sum \zeta_{\mathrm{r}} + \lambda_{\mathrm{r}} \cdot \frac{L_{\mathrm{r}}}{D_{\mathrm{r}}}\right) \cdot \frac{\rho}{2} \cdot v_{\mathrm{r}}^{2}$$

$$= -\left(\sum \zeta_{\mathrm{r}} \cdot \frac{\rho}{2} \cdot \frac{1}{A^{2}} + \lambda \cdot \frac{L}{D} \cdot \frac{\rho}{2} \cdot \frac{1}{A^{2}}\right) \cdot Q^{2}$$

$$R_{\zeta} = \sum \zeta_{\mathrm{r}} \cdot \frac{\rho}{2} \cdot \frac{1}{A^{2}}$$

$$R_{\lambda} = \lambda_{\mathrm{r}} \cdot \frac{L_{\mathrm{r}}}{D_{\mathrm{r}}} \cdot \frac{\rho}{2} \cdot \frac{1}{A^{2}}$$

$$R = R_{\zeta} + R_{\lambda}$$

式中：A——地下道路断面面积或通风井断面面积(m^2)；

R——地下道路内或通风井内的沿程风阻和局部风阻之和($\mathrm{kg/m^7}$)；

R_{ζ}——地下道路内或通风井内的局部风阻($\mathrm{kg/m^7}$)；

R_{λ}——地下道路内或通风井内的沿程风阻($\mathrm{kg/m^7}$)。

5.3.5 地下道路内部与外界存在温差、气压差等情况，会在地下道路内产生一定的自然风速。地下道路内自然风速 v_{n} 与地下道

路内实际风速 v 方向可能相同或者相反，故而会对地下道路通风产生助力或者阻力。一般情况下，自然风速 v_n 可取年平均值，自然通风力的作用方向与 v_n 方向相同。大部分情况下自然通风力对地下道路的通风产生阻碍，故而当作阻力。

5.3.8 地下道路内温度与通风井换气风量大小和方向有关，换气风量主要受地下道路运行状态的影响，因此具体的温升计算应以通风计算为基础。此外，应将车辆、灯具等在匝道段的散热量考虑在内。地下道路内温度 T_{ri} 宜按下式计算：

$$T_{ri}=\frac{Q_{r(i-1)}T_{r(i-1)}+Q_{sh}^{-}T}{Q_{ri}}$$

或

$$T_{ri}=\frac{Q_{r(i-1)}T_{r(i-1)}-Q_{sh}^{+}T}{Q_{ri}}$$

式中：$Q_{r(i-1)}$——第 i 个通风井与第 $i-1$ 个通风井间地下道路段内的风量（m^3/s）；

Q_{ri}——第 i 个通风井与第 $i+1$ 个通风井间地下道路段内的风量（m^3/s）；

Q_{sh}——通风井风量（m^3/s），气流流入地下道路内为负值，流出地下道路为正值；Q_{sh}^{-} 表示气流流入地下道路内，Q_{sh}^{+} 表示气流流出地下道路；

T——通风井外空气温度（K）；

$T_{r(i-1)}$——第 i 个通风井与第 $i-1$ 个通风井间地下道路段内的空气温度（K）；

T_{ri}——第 i 个通风井与第 $i+1$ 个通风井间地下道路段内的空气温度（K）。

6 排烟设计

6.1 一般规定

6.1.2 人员安全疏散是指在火灾发展达到危害人员生命的危险状态之前，将地下道路内的所有人员疏散到安全区域的行动。排烟设计应使可用安全疏散时间（ASET）大于所需安全疏散时间（REST），其中：安全疏散时间（ASET）是从着火时刻起到火灾及烟气发展到对人构成危险的时间，所需安全疏散时间（REST）是从着火时刻起到人员疏散到安全区域所需的时间。

地下道路火灾对人员安全的影响主要体现在地下道路内的能见度、温度和烟气毒性三个方面。综合国内外对于火灾环境下人员安全疏散指标，本标准对地下道路内火灾工况下满足人员安全疏散的环境特征参数进行规定，取地下道路内最小清晰高度为2 m。具体安全评价标准如下。

（1）温度

若地下道路内2 m高处的温度超过60 ℃，即认为该位置已经处于危险状态。

（2）能见度

若地下道路内2 m处高度的能见度小于10 m，即认为该处处于危险位置。

（3）CO浓度

火灾发生时，其产物复杂多变，与燃烧物的种类、所处环境有很大的关系，因此对火灾产物的组分和浓度进行预测存在很大的困难。在工程设计中，常采用一种有效的简化方式：如果地下通道内能见度不小于10 m，即可视为以CO为代表的各种毒性燃烧产物的浓度在 30 min 内不会达到人体的耐受极限,此判据和烟气能见度判据结合使用。

当地下道路火灾环境达到上述三个条件之一,便认为火灾处于危险状态。

PIARC 对此进行了规定,见表 3;表 4 给出了 5 个国家判断危险临界时间的指标。

表 3　地下道路内温度、能见度和一氧化碳浓度的允许值(PIARC)

控制指标	空气温度	最小能见度	CO 浓度
允许值	小于 80 ℃(353 K)	大于 7～15 m	小于 225 ppm

表 4　安全疏散时间判断指标

国别	对流热	辐射热	烟气遮蔽
新西兰	烟气层温度≤65 ℃,暴露时间＞30 min	＜2.5 kW/m^2(气层温度 200 ℃)	减光度＜0.5 m^{-1},能见度 2 m
英国	烟气层温度＜60 ℃,暴露时间＞30 min	＜2.5 kW/m^2,暴露时间＞5 min	减光度＜0.1 m^{-1},能见度 10 m
澳大利亚	烟气层温度＜60 ℃,暴露时间＞30 min	＜2.5 kW/m^2,暴露时间＞5 min	减光度＜0.1 m^{-1},能见度 10 m
爱尔兰	烟气层温度＜80 ℃,暴露时间＞15 min	2 kW/m^2～2.5 kW/m^2	能见度 7～15 m
中国	2 m 以下空间,＜60 ℃(持续 30 min)	2 m 以上空间,＜2.5 kW/m^2(温度 180 ℃)	大空间,低于 2 m 空间,＞10 m;小空间,低于 2 m 空间,＞5 m

6.1.3　火灾工况时,地下道路内的烟气主要由通风井排出。参考现行行业标准《公路隧道通风设计细则》JTG/T D70/2—02 中对于火灾集中排烟工况下的要求:烟气在隧道内蔓延长度不宜大于 300 m。

6.1.4　地下道路火灾排烟效率是指通风井对来流烟气质量的排出流量与通风井前方来流烟气质量流量之比。根据大量地下道路火灾模型试验和数值计算结果,在本市典型气象条件下,当满足本标准第 6.2.1 条的规定时，地下道路可满足火灾排烟及人员安全疏散的要求；当不满足时，应进行专项论证。

6.2 排烟计算

6.2.1 相关研究表明，对于 30 MW 及以下的火灾规模，当通风井排烟效率 $\Phi \geqslant 0.75$，地下道路内的烟气控制一般可在 8 min 内满足火灾安全疏散环境标准；当所需安全疏散时间超过 8 min 或排烟效率 <0.75 时，应对火灾时人员安全疏散环境进行分析论证。对于 30 MW 以上的火灾规模，应对火灾时人员安全疏散环境进行分析论证。

6.2.2 地下道路通风井排烟效率计算公式来自本市某地下道路的研究成果，通风井高度小于 9 m，研究采用了火灾模型试验、数值模拟和理论推导等方法相互验证。研究表明，对于通风井长度 B_{sh} 大于 2.5 m 的地下道路，通风井高度对排烟效率基本没有影响；对于通风井长度 B_{sh} 小于 2.5 m 的地下道路，通风井高度的影响也十分有限。对于城市自然通风地下道路，通风井高度一般不超过 9 m，因此，可根据本条文公式，由地下道路基本参数和通风井开口尺寸计算排烟效率。

当通风井顶部采用百叶窗与外界环境连通时，在保证通风面积的条件下，通风井排烟效率宜根据百叶有效面积系数进行折减：百叶有效面积系数为 60%时，排烟效率折减 20%；百叶有效面积系数为 80%，排烟效率折减 15%；当百叶叶片净边距为中间值时，可按线性插入法取值。

当通风井为非直通地面形式时，不利于烟气有效排出，通风井排烟效率应根据通风井转折形式进行折减，折减系数可参照局部阻力系数并根据数值模拟或试验方法确定，为确保排烟效率，一般不建议采用非直通地面形式。

根据相关研究成果，为确保烟气从通风井有效排出，通风井

长度 B_{sh}应不小于烟层厚度，烟层厚度为 $0.24H_r$，一般为 1 m～1.5 m，综合考虑烟气流动、地下道路内自然风等因素的影响，规定 $B_{sh} \geqslant 2$ m。

根据相关研究成果，当排烟口位于侧墙时，排烟口应紧邻顶棚开设，开口高度 h_{sh}不应小于 0.8 m。该高度下，大量热烟气可由排烟口排出。为使烟气流通顺畅，与排烟口连接的竖井宽度 W_{sh}亦不应小于 0.8 m。

研究表明，采用侧墙排烟口时，排烟效率要远小于顶棚开口，因此在选择开口位置时，应首选顶棚开口，侧墙开口作为顶棚开口开设困难地段的补充。

有关结论参考文献如下：

1. Guo, Q., Zhu, H., Yan, Z., Zhang, Y., Zhang, Y., & Huang, T.. (2019). Experimental studies on the gas temperature and smoke back-layering length of fires in a shallow urban road tunnel with large cross-sectional vertical shafts. Tunnelling and underground space technology, 83(JAN.), 565-576.

2. He, L., Xu, Z., Markert, F., Zhao, J., & Fan, C.. (2020). Experimental study of heat exhaust efficiency with natural ventilation in tunnel fire: impact of shaft height and heat release rate. Journal of Wind Engineering and Industrial Aerodynamics, 201, 104173.

3. Takeuchi, S., Aoki, T., Tanaka, F., & Moinuddin, K. A. M.. (2017). Modeling for predicting the temperature distribution of smoke during a fire in an underground road tunnel with vertical shafts. Fire Safety Journal, S0379711217300929.

4. Guo, Q., Zhu, H., Zhang, Y., & Yan, Z.. (2020). Theoretical and experimental studies on the fire-induced smoke flow in naturally ventilated tunnels with large cross-sectional vertical shafts. Tunnelling and Underground Space Technology,

99，103359.

5. Guo，Q.，Li，Y.，Ingason，H.，Yan，Z.，Zhu，H.（2021）. Theoretical and numerical study on mass flow rates of smoke exhausted from the short vertical shafts in naturally ventilated tunnel fires. Tunnelling and Underground Space Technology,111,103782.

7 通风设施设计

7.1 一般规定

7.1.2 地下道路四周多为人员较多的居民区、商业区和文化区，对空气质量要求较高。地下道路内污染物浓度较高时，通过出入口和通风井口排出的空气易污染周围环境，应依据现行上海市地方标准《大气污染物综合排放标准》DB 31/933 对地下道路排出的空气污染物浓度和扩散范围作出评价。如不能满足污染物浓度限值要求，应提出相应的处置措施。

7.1.4 当通风井作为火灾工况的排烟风井使用时，不应作为火灾情况下的逃生通道。行业标准《公路隧道通风设计细则》JTG/T D70/2—02—2014 中第 9.4.5 条也明确“排烟风井不应作为隧道火灾情况下的逃生通道”，其余不作为排烟风井使用的通风井可作为消防救援辅助通道。根据本市某地下道路的现场救援试验，由通风井进入地下道路实施救援的方式可减少消防救援时间，取得更好的救援效果。

7.1.5 地下道路的每孔车道空间为一个防火分区。

7.2 通风井布置

7.2.1 在地面条件允许的情况下，通风井宜沿地下道路纵向等间距布置，有利于地下道路正常运营工况下的换气及火灾工况下的排烟。

7.2.2 通风井顶式布置及侧式布置参见本标准第 4.2.3 条条文说明中横断面布置。通风井顶式布置形式包含通风井布置在单孔地下道路顶板中央与顶板一侧两种。

根据相关模型试验研究，直通地面的通风井设置在单孔地下道路顶板中央处较设置在顶板一侧，能更有效地排出烟气并且控制烟气的纵向蔓延。

模型试验工况：地下道路模型长 20.8 m、宽 1.2 m、高 0.5 m。火源位于地下道路中央，采用方形油盘正庚烷火源，油盘边长分别为 11 cm、14 cm 和 16 cm，对应火源热释放速率为 25.8 kW、49.0 kW和 57.6 kW。火源左右两侧分别布置两个通风井，相邻通风井中心距为 5.0 m，单个通风井长 1.0 m、宽 0.4 m、高 0.5 m。对应全尺寸地下道路参数为地下道路长 208 m、宽 12 m、高 5 m，火灾热释放速率为 8.2 MW、15.5 MW 和 18.2 MW，通风井间距 50 m，单个通风井长 10 m、宽 4 m、高 5 m。当通风井位于地下道路顶板中央时，通风井为垂直型；当位于顶板一侧时，通风井为倾斜型，偏离竖向 30°。

模型试验结果：根据 Froude 模型率将 1∶10 缩尺模型试验结果转换至全尺寸，图 7 为不同火源功率下烟气层温度竖向分布及烟气层厚度。可知，当通风井位于地下道路顶板中央时，地下道路内烟气层温度和厚度均较小。图 8 为不同通风井形式的烟气蔓延距离对比。可知，当通风井位于地下道路顶板中央时，烟气可以被控制在更小的范围内。

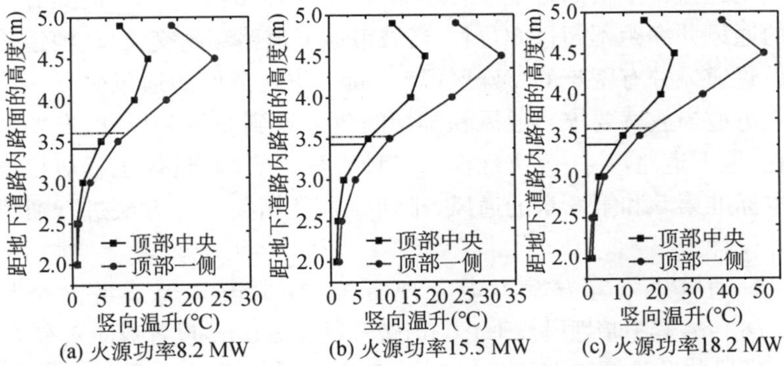

(a) 火源功率8.2 MW (b) 火源功率15.5 MW (c) 火源功率18.2 MW

图 7　不同通风井形式的烟气层竖向温度分布

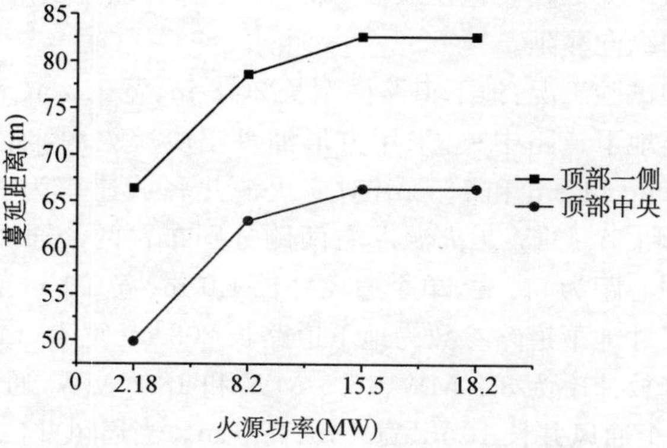

图 8　通风井位置不同时的烟气蔓延距离对比

根据本标准第 6.2.2 条的排烟效率计算公式，当通风井位于单孔地下道路侧墙一侧时，排烟效率明显降低，故不宜将通风井布置于地下道路侧墙一侧。

7.2.3　为减少相邻地下道路通风口间污染物及烟气串流，相邻地下道路的通风井宜交错布置。

参考现行国家标准《建筑防烟排烟系统技术标准》GB 51251，民用建筑排烟口的排烟半径小于 30 m，本标准规定同一防火分区的通风井净距不超过 60 m。当城市地下道路穿越交叉口、河道等设置通风井有困难的特殊区段时，同一防火分区的通风井平面净距可适当放宽要求。通风和排烟的效果受到通风井尺寸、布置位置、地下道路尺寸、火灾规模等多种参数的影响，具体工程应根据本标准第 5 和第 6 章的通风、排烟要求及相关计算方法进行通风井设计。

通风井布置方案可参考现有工程：本市某地下道路全长 1 780 m，其中暗埋段长 1 480 m，敞开段长 300 m，设置双向六车道。暗埋段共设置 43 个地面通风口，布置在道路中心绿化带内，风井净宽 4 m，沿纵向长度共 3 类：10 m×4 m（30 个）、14 m ×4 m

(8 个)，15 m×4 m(5 个)。两孔地道的通风井为交错布置且净距均不小于 10 m；单孔地道的大部分通风井净距不超过 60 m，部分跨越十字路口的风井净距超过 60 m。

7.2.4 模型试验研究表明，沿地下道路纵向的通风井长度对通风的效果影响明显。通风井宽度、间距不变时，通风井长度从 4 m 加长至 6 m，最大排风量上升约 50%；通风井长度从 4 m 加长至 8 m，最大排风量上升约 1 倍。通风井的最大排风量与通风井长度呈线性关系。

模型试验研究还对比分析了相邻通风井间距对通风效果的影响。通风井长度、宽度不变时，通风井间距从 6 m 变为 2 m 或 10 m，通风井的最大排风量变化并不明显。

因此，为更好地利用通风井进行换气，可通过减少通风口间距来增加单个通风口长度、增加通风井的数量。

7.2.5 研究表明，在其他设计参数不变的情况下，设置局部导流(45°切角)后，各组通风井中最大排风量上升较显著，其效果与加大通风井长度类似。因此，受条件限制时，可通过设置通风口局部导流的方式加强通风效果。

7.3 结构设计

7.3.1 结构设计理论及方法与现行国家标准《混凝土结构设计规范》GB 50010、现行上海市工程建设规范《道路隧道设计标准》DG/TJ 08—2033 相关规定保持一致。

7.3.2 根据现行国家标准《混凝土结构设计规范》GB 50010 相关规定，混凝土结构的极限状态设计应包括承载能力极限状态和正常使用极限状态，应按照以上两种极限状态进行构件设计和验算。

7.3.5 结合本市地质特点，通风井设置应尽量避免可能遇到的不良地质条件；无法避免时，应进行地基处理。

7.3.6 现行国家标准《地下工程防水技术规范》GB 50108 适用于所有地下工程的防水设计。当工程重要性较为突出时，可以提出高于二级的标准。

7.4 构造及其他要求

7.4.2 对通风井进行安全防护设计，是为预防动物、垃圾等异物进入地下道路，避免引发交通事故，预防人员跌入发生危险。

7.4.4 若采用敞开口，需加强路面排水，口部周围的建筑材料和构造应考虑耐候防潮。

8　机电设施设计

8.2　供配电与照明

8.2.1　中间段亮度取值参考现行上海市工程建设规范《道路隧道设计规范》DG/TJ 08—2033。

8.2.2　通风井处不宜采用自然光直射方式。如条件限制，可采用加强照明以减少影响。日间太阳光通过通风井照射到地下道路内，地下道路内局部亮度增高时，可设置照度仪进行测量，根据通风井亮度调节风井附近加强照明灯具的照度。

8.4　给排水与消防

8.4.2　引道段雨水设计流量与通风井雨水设计流量应分开计算。

地下道路最低点通风井汇水面积应按最低点两侧所有通风井汇水面积之和计算，收集雨水的坡面集水时间按最低点两侧最远处通风井至最低点的集水时间确定，如图 9、图 10 所示。

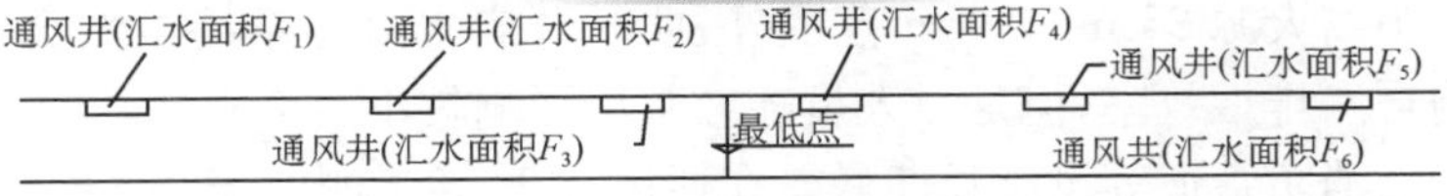

图 9　地道平面示意图

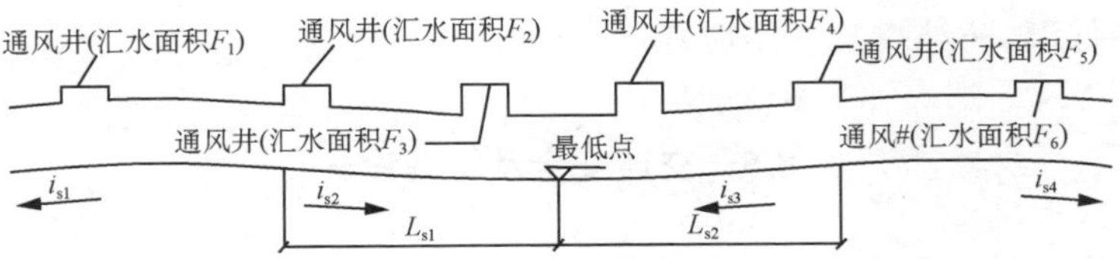

图 10　地道纵断面示意图

即：最低点通风井汇水面积 $F=F_2+F_3+F_4+F_5$，汇水面积按照通风井的最大受雨面面积计算。收集雨水的坡面集水时间 $t=\max(t\text{ 左侧}, t\text{ 右侧})=\max\left[1.445\left(\frac{m_1 L_{s1}}{\sqrt{i_{s2}}}\right)^{0.467}, 1.445\left(\frac{m_1 L_{s2}}{\sqrt{i_{s3}}}\right)^{0.467}\right]$。

通风井雨水应集中收集。集中收集宜优先考虑在地下道路侧墙内预埋雨水立管，收集雨水后排至地下道路边沟。雨水立管设计可按现行国家标准《建筑给水排水设计标准》GB 50015 确定。主体结构条件不允许时，宜采取措施引水至地下道路边沟。

8.4.3 研究表明，喷淋系统的冷却作用会引起自然排烟效率的降低。因此，地下道路的消防系统设计，如采用水喷雾系统，除需满足消防灭火要求，还应满足人员疏散要求。实验表明，火灾发生后，普通人在 30 s 内可以逃离至距离火源 25 m 范围外，60 s 内可以逃离至距离火源 50 m 范围外。而水喷雾系统对自然排烟的影响主要表现在其作用长度范围内，对其作用长度范围外的自然排烟影响较小。水喷雾系统同时作用长度一般为 50 m～75 m（即火源两侧 25 m～37.5 m）。地下道路火灾报警信号传输至管理中心的时间一般在 60 s 以内，管理中心收到信号后再启动雨淋阀组、开启喷头。因此认为，水喷雾系统开启之时人员基本已逃离至距离火源 25 m～50 m 范围外，此时开启水喷雾系统虽然会影响自然排烟效率，但是对人员疏散救援影响较小。

消防管道等设施长期暴露在通风井下，会影响管道质量及使用寿命，应对其采取保温措施，按照现行国家标准图集《管道和设备保温、防结露及电伴热》16S401 执行。

8.5 交通安全及管理设施

8.5.2 交通安全及管理设施的布置应不影响通风井通风效果。

火灾工况下通风井能迅速转换为消防通道，交通安全及管理设施应不影响消防员进出。

8.5.3 通风井顶部设置警示标志，防止人员或物体从通风井井口坠入地下道路，引发事故。

8.5.4 地下道路空间相对封闭，传统的靠反光交通标志在地下道路内部使用时间较长后会因空气油污失去反光效果。因此，地下道路宜采用电光标志，增加交通标志的可识别性。

8.5.7 可视性好的标志版面能保障交通安全，特别是在地下道路内发生交通事故或火灾等紧急事件时可提高救助效率。

9 防灾与救援

9.1 一般规定

9.1.6 考虑地下道路火灾的突发性和环境变异性，为解决传统纸质火灾疏散救援预案的不足，建议研究构建动态式地下道路火灾疏散救援应急预案。火灾动态式疏散救援应急预案的核心便是“动态反馈”。所谓“动态反馈”，意即能够实时地、全面地了解整条地下道路的火情发展情况，同时根据所掌握的火情信息来实施并不断调整疏散、救援应急管理预案。

9.2 建筑防火

9.2.5 通风井下部连接结构主体顶部，外侧为临土面，是承重结构体的一部分，火灾期间如遭到破坏，与主体结构一样会有坍塌风险，且修复难度大，对火灾期间的灭火救援及灾后修复影响大。

相关研究结论表明，当通风井高度较小时，在 5 MW、15 MW、20 MW 火源情况下，通风井井壁壁面温度未达到耐火极限（根据现行上海市工程建设规范《道路隧道设计标准》DG/TJ 08—2033 2017 附录 J，380 ℃）。而 30 MW 火源情况下，隧道井壁壁面温度达到耐火极限。

实际工程中通风井高度、长度有较大差别，因此，本标准参考现行上海市工程建设规范《道路隧道设计标准》DG/TJ 08—2033—2017 第 17.1.3 条中对排烟风道结构的要求，对通风井耐火极限作出 30 min 的最低要求，并根据地下道路长度采用不同升温曲线。实际工程宜综合考虑火灾规模、通风井高度等情况制定合理的通风井耐火极限，并采取相应的防火保护措施。

9.3 疏散通道

9.3.1 参考国家标准《建筑设计防火规范》GB 50016—2018 第 12.1 节和上海市工程建设规范《道路隧道设计标准》DG/TJ 08—2033—2017 第 17.3 节条文要求，人行疏散横通道或通向人行疏散通道的安全口间距为 250 m～300 m；上海市工程建设规范《道路隧道设计标准》DG/TJ 08—2033—2017 第 17.3.2 条规定上、下层车道疏散用封闭楼梯间间距不大于 120 m。

研究结论表明，火灾工况下，当地下道路仅通过通风井进行排烟时，烟气组织比机械排烟形式更复杂，烟气对人员疏散的影响较大，而当人行疏散通道间距为 100 m 时，地下道路内人员疏散所需的时间最多约为 5 min。因此，为保证火灾情况下的人员疏散，宜减小人行疏散口的间距。

9.3.2 疏散门处设置紧急出口标志、禁止停车标志和禁止堆物标志，便于救援人员识别和使用，也避免车辆停放和物品堆积影响紧急出口使用。

9.3.3 目前车行横通道在火灾情况下作为救援车辆的进入路径，而通风井在火灾情况下作为救援辅助设施，二者应就近设置，便于救援协同。

9.4 通风井救援设施

9.4.2 考虑检修、火灾及其他特殊情况时的使用需求，通风井内设置安全梯，供检修、消防人员进出使用。

9.4.3 通风井作为救援辅助设施时，应考虑消防救援车辆的停靠，救援人员的进入，并应与相关运维、救援预案相匹配。

9.5 应急预案

9.5.1 对于已经检测到的火灾事件，第一时间进行人工确认，明确起火位置、具体伤亡情况、发生事故的所有车辆种类和数量、起火泄露火源种类等。管理人员应快速作出适当的控制及救助策略，通知消防公安等紧急救援部门协助救援。管理中心应利用车道指示灯、有线广播、照明等设备对地下道路进行信号控制，为地下道路内人员和车辆安全疏散提供指导和保障，并向紧急救援车辆提供优先通行服务，同时对地下道路外人员和车辆进行紧急疏导，避免二次事故发生。

9.5.2 根据本标准第 6 章的相关规定，当通风井布置条件较好时，火灾烟气主体可被控制在相邻通风井之间。本条以烟气蔓延范围不超过相邻各一个通风井的情况为例介绍疏散救援方案。

火灾发生在地下道路进洞段时，可按照图 11 所示方案进行人员疏散救援组织（出洞段可按同样原则制定疏散救援方案）。烟囱效应导致烟气主体聚集在进洞口段顶部，大量烟气从洞口和通风井排出。火源上游段人员应按照➡箭头指示方向就近疏散，尽快通过横通道逃生至地下道路另一侧，而不应越过火源或直接向洞口逃离，这与火灾事故中逃生人员趋光性心理以及逃生至出口处安全心理相悖。火源下游车辆应按照⇒箭头指示方向疏散，在 5 min 内撤离至火源最近的风井之外，保障生命安全，避免财产损失。

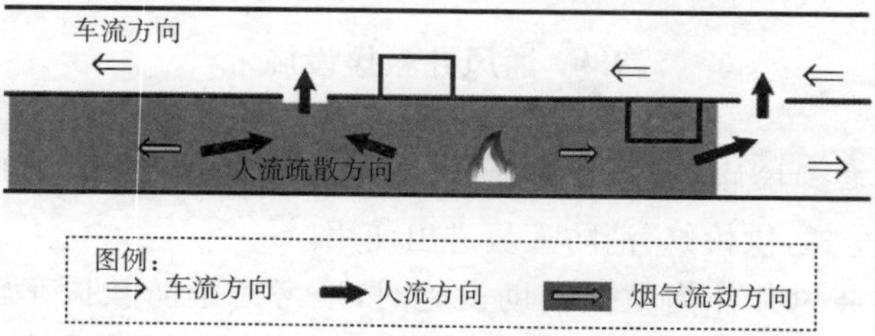

(a) 平面图

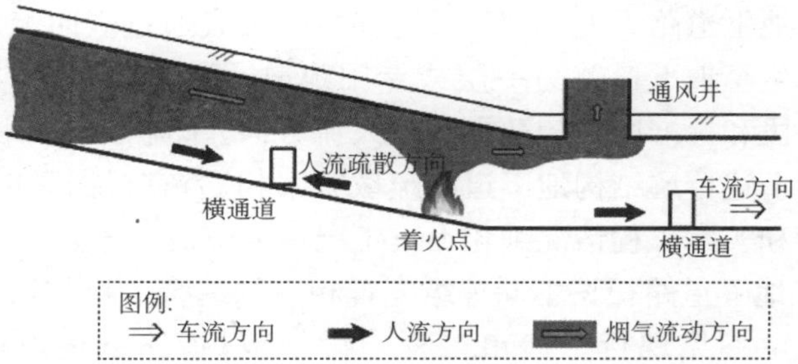

(b) 纵断面图

图 11　地下道路进洞段发生火灾后的疏散方案

当火灾发生在地下道路标准段时,可按图 12 所示方案进行人员疏散救援组织。烟气主体聚集在地下道路顶部,从相邻两个通风井排出,少量烟气蔓延至火源下游第一个风井和第二个风井之间。人员可按烟气蔓延方向进行疏散,尽快撤离至火源下游的第一个风井以外,车辆在 5 min 内撤离至火源最近的风井之外,保障生命安全,避免财产损失。

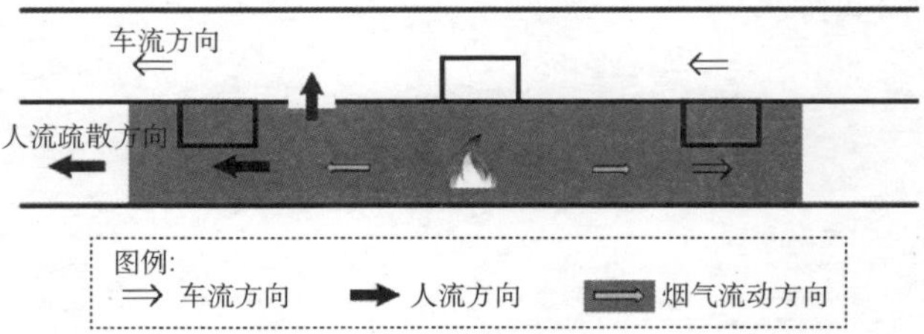

(a) 平面图

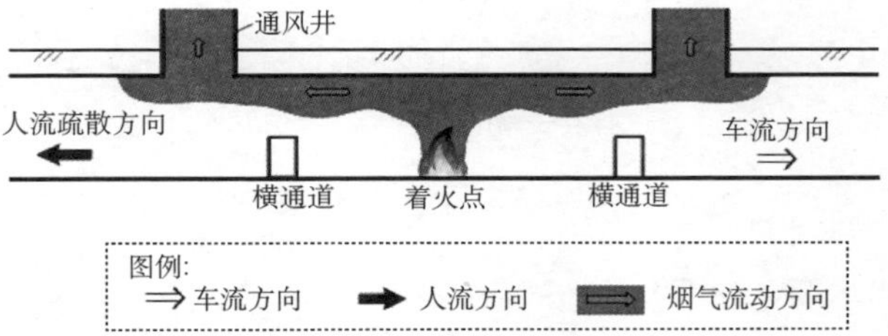

(b) 纵断面图

图 12　地下道路标准段发生火灾后的疏散方案

当地下道路为上、下双层结构时，人员宜通过竖向上、下疏散楼梯逃生至地下道路另一层或专用疏散通道。双层结构地下道路进洞段和标准段的疏散方案中人流方向、车流方向和烟气流动方向与上述单层结构地下道路疏散方案相同，宜根据竖向疏散楼梯设计和实际工程情况细化火灾工况疏散救援方案。

9.5.4 地下道路根据不同等级配置相应的综合监控与通信设备，相关规定参见现行上海市工程建设规范《道路隧道设计标准》DG/TJ 08—2033。由于地下道路内无机械通风设施，为确保救援工作的快速、有效，相关管理及救援人员应实时掌握火灾工况下的火灾位置、态势、烟气特征等情况。因此，本标准建议地下道路充分利用既有防灾设施（如火灾报警系统、环境监测系统、闭路电视监视系统等）监测的大量数据，通过数据挖掘实现火灾态势评估等功能，如通过火灾报警系统中光纤探测器快速定位火灾位置和确定火灾规模，结合闭路电视监视系统视频画面，完成火灾态势的实时评估和救援措施动态制定，为消防人员救援疏散提供科学的决策支持。

附录 A 城市自然通风地下道路通风网络计算方法

以某单向交通的地下道路为例。暗埋段长度 1 440 m，设有 23 座通风井，通风井平均间距 60 m。地下道路主线、通风井的有关基本参数如表 5、表 6 所示，地下道路及通风井布置示意图见图 13。

表 5 某单向交通地下道路基本参数

地下道路主线		通风井	
暗埋段长度 $L_{r\text{-}total}$(m)	1 440	长度 B_{sh}(m)	10
宽度 W_r(m)	12	宽度 W_{sh}(m)	4
高度 H_r(m)	5.5	高度 H_{sh}(m)	6
断面积 A_r(m^2)	66	断面积 A_{sh}(m^2)	40
断面当量直径 D_r(m)	7.54	当量直径 D_{sh}(m)	5.71
最大纵坡 i_s(%)	0	间距 S(m)	60

本算例分别按照设计工况（车速 60 km/h）、阻滞工况（车速 10 km/h）计算交通量及地下道路内污染物排放总量。

表 6 某单向交通地下道路的交通参数

指标	设计工况		阻滞工况	
	近期（2020 年）	远期（2035 年）	近期（2020 年）	远期（2035 年）
设计行车速度 v_t(km/h)	60		10	
交通量(pcu/h)	3 220	4 400	1 610	2 200
大型车比例 r_1(%)	0			
汽车等效阻抗面积 r_1(m^2)	0.75			
一氧化碳排放总量(m^3/s)	1.02×10^{-3}	0.96×10^{-3}	2.46×10^{-3}	1.70×10^{-3}
二氧化氮排放总量(m^3/s)	85.27×10^{-6}	58.26×10^{-6}	203.63×10^{-6}	101.82×10^{-6}

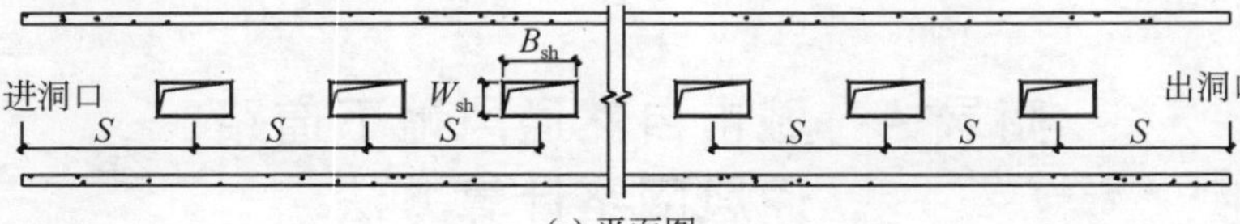

(a) 平面图

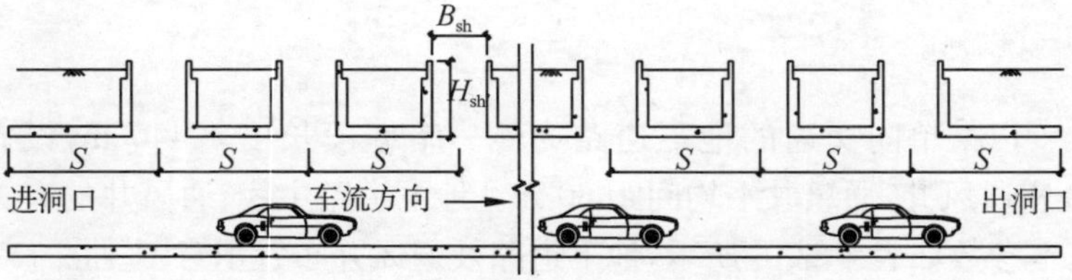

(b) 纵剖面图

图 13　自然通风地下道路

1　地下道路通风网络图绘制

(1) 节点及编号：根据地下道路的通风系统图，将地下道路出入口、通风井口部、地下道路内部的气流分汇点等作为通风网络节点，在地下道路及通风井断面发生变化处可根据计算精度要求增设节点。全压相近的几个节点可合并为一点，与大气连通的通风井节点为大气节点。节点宜沿着车行方向按照从小到大的顺序编号。

(2) 分支及连接：根据地下道路的通风系统图，用实线连接有气流连通的相邻节点，形成通风网络分支。地下道路出入口、通风井口部等与大气连通的节点之间用虚线连接，形成虚拟分支。

(3) 回路：地下道路通风网络中，若干分支组成的闭合环，即为回路。

绘制得到通风网络图如图 14 所示。

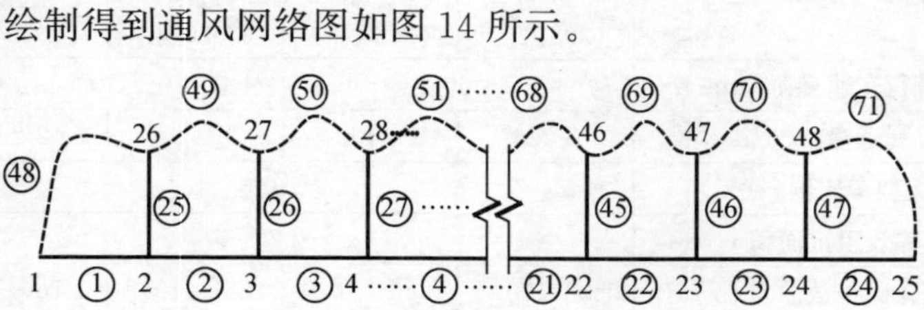

图 14　通风网络图

2　各分支的沿程风阻和局部风阻计算

计算公式见本标准第 5.3 节，通风井与地下道路形成类似垂直三通的结构，通风井井口处局部阻力、地下道路的分岔压力损失系数均根据风道类型、地下道路和通风井风量比例确定，如图 15 所示。

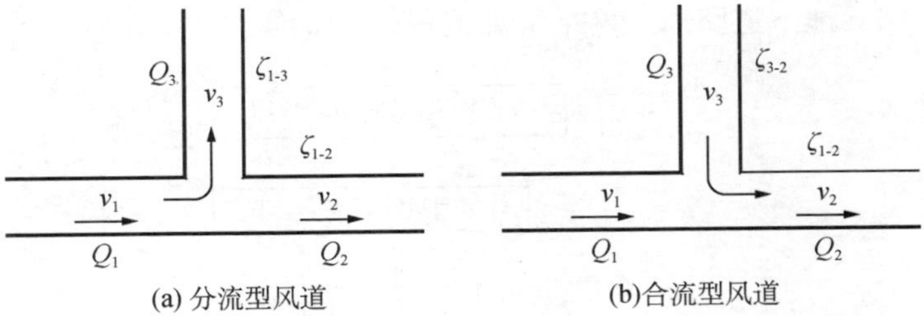

图 15　分岔压力损失系数图示

3　各地下道路分支交通通风力计算

根据本标准第 5.3.3 条，将交通通风力等效换算成风量 Q 的二次方程式（如 $\Delta P_t = a \times Q^2 + b \times Q + c$），$a$、$b$、$c$ 计算公式如下：

$$a = \frac{A_m}{A_r} \cdot \frac{\rho}{2} \cdot n \cdot \left(\frac{1}{A_r^2}\right)$$

$$b = \frac{A_m}{A_r} \cdot \frac{\rho}{2} \cdot n \cdot \left(-2 \cdot \frac{v_t}{A_r}\right)$$

$$c = \frac{A_m}{A_r} \cdot \frac{\rho}{2} \cdot n \cdot (v_t)^2$$

根据上述计算公式，得到本算例各工况参数，见表 7。

表 7　某单向交通地下道路的交通通风力参数

参数	设计工况		阻滞工况	
	近期（2020 年）	远期（2035 年）	近期（2020 年）	远期（2035 年）
a	5.0453E-06	6.8942E-06	1.5136E-05	2.0683E-05

续表7

参数	设计工况		阻滞工况	
	近期(2020 年)	远期(2035 年)	近期(2020 年)	远期(2035 年)
b	−1.1100E-02	−1.5167E-02	−5.5498E-03	−7.5836E-03
c	6.1048E+00	8.3420E+00	5.0874E-01	6.9517E-01

4 地下道路通风网络解算流程(图 16)

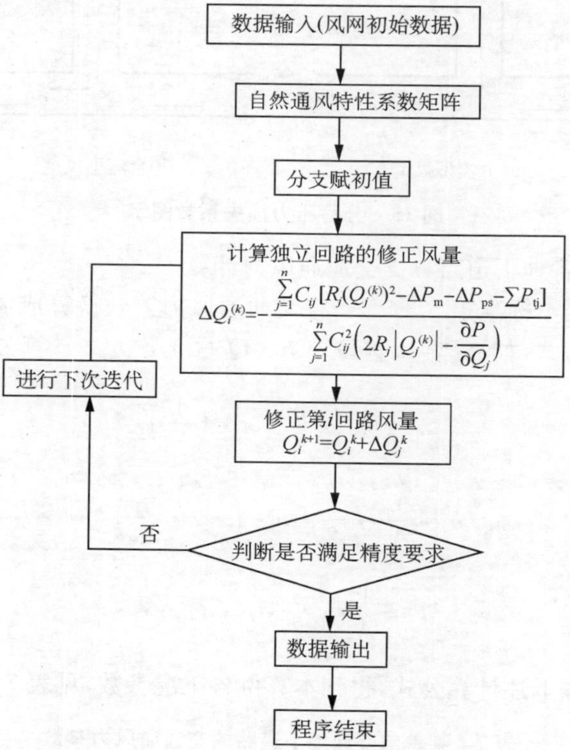

图 16 地下道路的通风网络解算流程

选定 b 组独立回路,并设定 b 个独立分支风量 $Q_1,Q_2,\cdots,Q_b$

为未知变量，$b=n-m+1$，其中，m 为节点数、n 为分支数。由独立风压平衡方程可得非线性方程组[式(1)]。其中 C_{ij} 为独立回路中支路的符号系数。

$$f_i(Q_1,Q_2,\cdots,Q_b)=\sum_{j=1}^{n}C_{ij}(R_jQ_j^2+\Delta P_m+\Delta P_{ps}+P_{tj})=0 \quad i=1,\ 2,\ \cdots,\ b \tag{1}$$

将非线性方程组的一组近似解进行泰勒级数展开，通过简化，得到风量修正值的计算公式(2)。

$$\Delta Q_i^{(k)}=-\frac{\sum_{j=1}^{n}C_{ij}[R_jQ_j^{(k)}|Q_j^{(k)}|-\Delta P_m-\Delta P_{ps}-P_{tj}]}{\sum_{j=1}^{n}C_{ij}^2\left[2R_j|Q_j^{(k)}|-\frac{\partial P}{\partial Q_j}\right]} \quad i=1,\ 2,\ \cdots,\ b \tag{2}$$

首先，为 $Q_1,Q_2,\cdots,Q_b$ 赋初值，将其代入风量修正方程，得出风量修正值 ΔQ，并分别对每条分支进行风量修正；然后，重复上述步骤，迭代至 ΔQ 小于预定精度 ε，此时获得的近似风量即为风量真值。

第 k 次风量修正为

$$Q_j^{(k+1)}=Q_j^{(k)}+\Delta Q_i^{(k)} \tag{3}$$

式中：$Q_j^{(k)}$，$Q_j^{(k+1)}$——分支 j 第 k 次和第 $k+1$ 次风量；

$\Delta Q_i^{(k)}$——第 i 个独立回路第 k 次风量修正值。

本算例设定计算精度为 1×10^{-3}，迭代满足精度要求时，输出计算结果。

远期及近期设计工况（车速 60 km/h）、阻滞工况（车速 10 km/h）下的计算结果分别列于表 8～表 11。

表 8　近期设计工况(车速 60 km/h)网络通风迭代最终计算结果

分支编号	始节点	末节点	风量 Q (m^3/s)	风阻 R (kg/m^7)	通风阻力 ΔP_r(Pa)	交通通风力 P_t(Pa)
1	1	2	167.20	1.28E-04	3.57	4.39
2	2	3	218.01	7.42E-05	3.53	3.92
3	3	4	287.29	4.86E-05	4.01	3.33
4	4	5	209.54	8.19E-05	3.59	4.00
5	5	6	279.09	5.02E-05	3.91	3.40
6	6	7	208.11	8.18E-05	3.54	4.01
7	7	8	277.66	5.06E-05	3.90	3.41
8	8	9	208.12	8.14E-05	3.52	4.01
9	9	10	277.70	5.05E-05	3.90	3.41
10	10	11	207.91	8.18E-05	3.54	4.02
11	11	12	277.50	5.06E-05	3.89	3.41
12	12	13	207.86	8.18E-05	3.54	4.02
13	13	14	277.44	5.06E-05	3.89	3.41
14	14	15	207.86	8.18E-05	3.54	4.02
15	15	16	277.46	5.06E-05	3.89	3.41
16	16	17	207.82	8.19E-05	3.54	4.02
17	17	18	277.40	5.06E-05	3.89	3.41
18	18	19	207.79	8.19E-05	3.53	4.02
19	19	20	277.31	5.08E-05	3.91	3.41
20	20	21	208.47	8.18E-05	3.56	4.01
21	21	22	278.91	4.70E-05	3.65	3.40
22	22	23	198.42	8.18E-05	3.22	4.10
23	23	24	251.15	6.71E-05	4.23	3.64
24	24	25	161.31	2.05E-04	5.33	4.45

续表8

分支编号	始节点	末节点	风量 Q (m^3/s)	风阻 R (kg/m^7)	通风阻力 ΔP_r(Pa)	交通通风力 P_t(Pa)
25	2	26	−50.81	−3.19E-04	0.82	0.00
26	3	27	−69.28	−2.54E-04	1.22	0.00
27	4	28	77.75	8.91E-05	0.54	0.00
28	5	29	−69.56	−1.95E-04	0.94	0.00
29	6	30	70.99	8.57E-05	0.43	0.00
30	7	31	−69.55	−1.86E-04	0.90	0.00
31	8	32	69.54	8.49E-05	0.41	0.00
32	9	33	−69.58	−1.86E-04	0.90	0.00
33	10	34	69.79	8.51E-05	0.41	0.00
34	11	35	−69.59	−1.84E-04	0.89	0.00
35	12	36	69.64	8.50E-05	0.41	0.00
36	13	37	−69.59	−1.84E-04	0.89	0.00
37	14	38	69.58	8.50E-05	0.41	0.00
38	15	39	−69.60	−1.84E-04	0.89	0.00
39	16	40	69.64	8.50E-05	0.41	0.00
40	17	41	−69.58	−1.84E-04	0.89	0.00
41	18	42	69.62	8.50E-05	0.41	0.00
42	19	43	−69.53	−1.85E-04	0.89	0.00
43	20	44	68.84	8.45E-05	0.40	0.00
44	21	45	−70.43	−1.72E-04	0.86	0.00
45	22	46	80.49	9.30E-05	0.60	0.00
46	23	47	−52.73	−5.34E-04	1.48	0.00
47	24	48	89.84	1.10E-04	0.89	0.00

表 9　远期设计工况(车速 60 km/h)网络通风迭代最终计算结果

分支编号	始节点	末节点	风量 Q (m^3/s)	风阻 R (kg/m^7)	通风阻力 ΔP_r(Pa)	交通通风力 P_t(Pa)
1	1	2	191.05	1.28E-04	4.67	5.70
2	2	3	248.03	7.31E-05	4.50	5.00
3	3	4	325.36	4.88E-05	5.16	4.14
4	4	5	237.77	8.17E-05	4.62	5.13
5	5	6	315.55	5.05E-05	5.03	4.24
6	6	7	236.15	8.17E-05	4.56	5.14
7	7	8	313.91	5.08E-05	5.01	4.26
8	8	9	235.91	8.15E-05	4.54	5.15
9	9	10	313.63	5.08E-05	5.00	4.26
10	10	11	235.72	8.16E-05	4.53	5.15
11	11	12	313.42	5.08E-05	4.99	4.27
12	12	13	235.47	8.17E-05	4.53	5.15
13	13	14	313.18	5.08E-05	4.99	4.27
14	14	15	235.39	8.16E-05	4.52	5.15
15	15	16	313.14	5.07E-05	4.98	4.27
16	16	17	235.11	8.18E-05	4.52	5.16
17	17	18	312.82	5.10E-05	4.99	4.27
18	18	19	235.56	8.19E-05	4.54	5.15
19	19	20	314.09	4.83E-05	4.76	4.26
20	20	21	227.93	8.19E-05	4.25	5.24
21	21	22	293.99	7.15E-05	6.18	4.48
22	22	23	294.07	3.40E-05	2.94	4.48
23	23	24	294.39	3.40E-05	2.95	4.47
24	24	25	186.25	2.05E-04	7.13	5.76

续表9

分支编号	始节点	末节点	风量 Q (m^3/s)	风阻 R (kg/m^7)	通风阻力 ΔP_r(Pa)	交通通风力 P_t(Pa)
25	2	26	−56.98	−3.47E-04	1.13	0.00
26	3	27	−77.33	−2.82E-04	1.68	0.00
27	4	28	87.59	8.88E-05	0.68	0.00
28	5	29	−77.78	−2.15E-04	1.30	0.00
29	6	30	79.40	8.52E-05	0.54	0.00
30	7	31	−77.77	−2.06E-04	1.24	0.00
31	8	32	78.01	8.45E-05	0.51	0.00
32	9	33	−77.72	−2.05E-04	1.24	0.00
33	10	34	77.91	8.45E-05	0.51	0.00
34	11	35	−77.70	−2.04E-04	1.23	0.00
35	12	36	77.95	8.46E-05	0.51	0.00
36	13	37	−77.70	−2.03E-04	1.23	0.00
37	14	38	77.79	8.45E-05	0.51	0.00
38	15	39	−77.75	−2.02E-04	1.22	0.00
39	16	40	78.03	8.47E-05	0.52	0.00
40	17	41	−77.70	−2.01E-04	1.21	0.00
41	18	42	77.26	8.42E-05	0.50	0.00
42	19	43	−78.53	−1.90E-04	1.17	0.00
43	20	44	86.17	8.99E-05	0.67	0.00
44	21	45	−66.07	−3.91E-04	1.71	0.00
45	22	46	−0.08	−5.58E-03	0.00	0.00
46	23	47	−0.32	−5.55E-03	0.00	0.00
47	24	48	108.15	1.13E-04	1.32	0.00

表 10　近期阻滞工况(车速 10 km/h)网络通风迭代最终计算结果

分支编号	始节点	末节点	风量 Q (m^3/s)	风阻 R (kg/m^7)	通风阻力 ΔP_r(Pa)	交通通风力 P_t(Pa)
1	1	2	63.56	1.35E-04	0.27	0.29
2	2	3	60.80	5.47E-05	0.22	0.22
3	3	4	49.72	8.74E-05	0.22	0.27
4	4	5	68.24	4.99E-05	0.23	0.20
5	5	6	50.72	8.74E-05	0.23	0.27
6	6	7	69.12	4.92E-05	0.24	0.20
7	7	8	50.87	8.75E-05	0.23	0.27
8	8	9	69.25	4.92E-05	0.24	0.20
9	9	10	50.89	8.74E-05	0.23	0.27
10	10	11	69.27	4.92E-05	0.24	0.20
11	11	12	50.90	8.74E-05	0.23	0.27
12	12	13	69.28	4.92E-05	0.24	0.20
13	13	14	50.90	8.74E-05	0.23	0.27
14	14	15	69.28	4.92E-05	0.24	0.20
15	15	16	50.90	8.75E-05	0.23	0.27
16	16	17	69.28	4.91E-05	0.24	0.20
17	17	18	50.90	8.76E-05	0.23	0.27
18	18	19	69.28	4.92E-05	0.24	0.20
19	19	20	50.90	8.76E-05	0.23	0.27
20	20	21	69.27	4.72E-05	0.23	0.20
21	21	22	50.93	8.68E-05	0.21	0.27
22	22	23	69.36	7.66E-05	0.32	0.21
23	23	24	49.75	4.32E-05	0.17	0.22
24	24	25	67.36	2.09E-04	0.36	0.30

续表10

分支编号	始节点	末节点	风量 Q (m^3/s)	风阻 R (kg/m^7)	通风阻力 ΔP_r(Pa)	交通通风力 P_t(Pa)
25	2	26	4.75	−8.50E-05	0.02	0.00
26	3	27	13.08	8.34E-05	0.02	0.00
27	4	28	−16.52	−2.65E-04	0.07	0.00
28	5	29	19.52	9.27E-05	0.04	0.00
29	6	30	−16.40	−2.86E-04	0.08	0.00
30	7	31	20.25	9.42E-05	0.04	0.00
31	8	32	−16.38	−2.90E-04	0.08	0.00
32	9	33	20.36	9.42E-05	0.04	0.00
33	10	34	−16.38	−2.91E-04	0.08	0.00
34	11	35	20.38	9.43E-05	0.04	0.00
35	12	36	−16.38	−2.91E-04	0.08	0.00
36	13	37	20.38	9.43E-05	0.04	0.00
37	14	38	−16.38	−2.91E-04	0.08	0.00
38	15	39	20.38	9.43E-05	0.04	0.00
39	16	40	−16.38	−2.91E-04	0.08	0.00
40	17	41	20.38	9.43E-05	0.04	0.00
41	18	42	−16.38	−2.91E-04	0.08	0.00
42	19	43	20.38	9.42E-05	0.04	0.00
43	20	44	−16.38	−2.87E-04	0.08	0.00
44	21	45	20.34	9.91E-05	0.05	0.00
45	22	46	−16.43	−6.27E-04	0.11	0.00
46	23	47	21.61	5.56E-05	0.00	0.00
47	24	48	−15.61	1.11E-04	0.06	0.00

表 11　远期阻滞工况(车速 10 km/h)网络通风迭代最终计算结果

分支编号	始节点	末节点	风量 Q (m^3/s)	风阻 R (kg/m^7)	通风阻力 ΔP_r(Pa)	交通通风力 P_t(Pa)
1	1	2	48.10	1.28E-04	0.30	0.38
2	2	3	61.53	6.96E-05	0.26	0.31
3	3	4	79.36	4.88E-05	0.31	0.22
4	4	5	58.01	8.17E-05	0.27	0.32
5	5	6	76.25	5.11E-05	0.30	0.24
6	6	7	57.53	8.19E-05	0.27	0.33
7	7	8	75.82	5.15E-05	0.30	0.24
8	8	9	57.49	8.18E-05	0.27	0.33
9	9	10	75.78	5.15E-05	0.30	0.24
10	10	11	57.48	8.19E-05	0.27	0.33
11	11	12	75.77	5.16E-05	0.30	0.24
12	12	13	57.51	8.17E-05	0.27	0.33
13	13	14	75.80	5.15E-05	0.30	0.24
14	14	15	57.49	8.19E-05	0.27	0.33
15	15	16	75.79	5.15E-05	0.30	0.24
16	16	17	57.50	8.18E-05	0.27	0.33
17	17	18	75.78	5.17E-05	0.30	0.24
18	18	19	57.64	8.17E-05	0.27	0.33
19	19	20	76.10	4.96E-05	0.29	0.24
20	20	21	56.25	8.19E-05	0.26	0.33
21	21	22	72.03	6.98E-05	0.36	0.26
22	22	23	72.08	8.19E-05	0.43	0.26
23	23	24	72.07	4.18E-05	0.22	0.26
24	24	25	47.01	2.05E-04	0.45	0.38

续表11

分支编号	始节点	末节点	风量 Q (m^3/s)	风阻 R (kg/m^7)	通风阻力 ΔP_r(Pa)	交通通风力 P_t(Pa)
25	2	26	−13.43	−4.51E-04	0.08	0.00
26	3	27	−17.84	−3.91E-04	0.12	0.00
27	4	28	21.36	8.88E-05	0.04	0.00
28	5	29	−18.24	−2.69E-04	0.09	0.00
29	6	30	18.72	8.39E-05	0.03	0.00
30	7	31	−18.29	−2.54E-04	0.09	0.00
31	8	32	18.33	8.32E-05	0.03	0.00
32	9	33	−18.29	−2.53E-04	0.08	0.00
33	10	34	18.31	8.31E-05	0.03	0.00
34	11	35	−18.29	−2.52E-04	0.08	0.00
35	12	36	18.26	8.30E-05	0.03	0.00
36	13	37	−18.29	−2.53E-04	0.08	0.00
37	14	38	18.31	8.31E-05	0.03	0.00
38	15	39	−18.30	−2.52E-04	0.08	0.00
39	16	40	18.29	8.31E-05	0.03	0.00
40	17	41	−18.28	−2.53E-04	0.08	0.00
41	18	42	18.15	8.27E-05	0.03	0.00
42	19	43	−18.46	−2.43E-04	0.08	0.00
43	20	44	19.85	8.70E-05	0.03	0.00
44	21	45	−15.79	−4.43E-04	0.11	0.00
45	22	46	−0.05	−5.56E-03	0.00	0.00
46	23	47	0.01	4.79E-05	0.00	0.00
47	24	48	25.07	1.07E-04	0.07	0.00

5　地下道路分支污染物浓度计算

根据通风网络计算可得到各分支风量，按照本标准第5.3.1条，计算得到地下道路各分支内污染物浓度。

近期设计工况（车速60 km/h）计算结果如表12所示。其中，一氧化碳（CO）浓度最大值为1.518 ppm，二氧化氮（NO_2）浓度最大值为0.127 ppm，满足地下道路内通风设计标准。

表12　近期设计工况（车速60 km/h）计算结果

分支编号	风量 Q (m^3/s)	风速 v_r (m/s)	CO浓度 (ppm)	NO_2浓度 (ppm)
1	167.20	2.53	0.254	0.021
2	218.01	3.30	0.390	0.033
3	287.29	4.35	0.444	0.037
4	209.54	3.17	0.647	0.054
5	279.09	4.23	0.638	0.053
6	208.11	3.15	0.842	0.070
7	277.66	4.21	0.784	0.066
8	208.12	3.15	0.988	0.083
9	277.70	4.21	0.894	0.075
10	207.91	3.15	1.098	0.092
11	277.50	4.20	0.976	0.082
12	207.86	3.15	1.180	0.099
13	277.44	4.20	1.038	0.087
14	207.86	3.15	1.242	0.104
15	277.46	4.20	1.084	0.091
16	207.82	3.15	1.288	0.108

续表12

分支编号	风量 Q (m^3/s)	风速 v_r (m/s)	CO 浓度 (ppm)	NO_2浓度 (ppm)
17	277.40	4.20	1.118	0.093
18	207.79	3.15	1.323	0.111
19	277.31	4.20	1.144	0.096
20	208.47	3.16	1.348	0.113
21	278.91	4.23	1.160	0.097
22	198.42	3.01	1.374	0.115
23	251.15	3.81	1.255	0.105
24	161.31	2.44	1.518	0.127
污染物浓度限值			70	1.0

远期设计工况(车速 60 km/h)计算结果如表 13 所示。其中，一氧化碳(CO)浓度最大值为 1.501 ppm，二氧化氮(NO_2)浓度最大值为 0.091 ppm，满足地下道路内通风设计标准。

表 13　远期设计工况(车速 60 km/h)计算结果

分支编号	风量 Q (m^3/s)	风速 v_r (m/s)	CO 浓度 (ppm)	NO_2浓度 (ppm)
1	191.05	2.89	0.209	0.013
2	248.03	3.76	0.323	0.020
3	325.36	4.93	0.369	0.022
4	237.77	3.60	0.537	0.033
5	315.55	4.78	0.531	0.032
6	236.15	3.58	0.701	0.043
7	313.91	4.76	0.655	0.040

续表13

分支编号	风量 Q (m^3/s)	风速 v_r (m/s)	CO浓度 (ppm)	NO_2浓度 (ppm)
8	235.91	3.57	0.824	0.050
9	313.63	4.75	0.747	0.045
10	235.72	3.57	0.917	0.056
11	313.42	4.75	0.817	0.050
12	235.47	3.57	0.987	0.060
13	313.18	4.75	0.870	0.053
14	235.39	3.57	1.040	0.063
15	313.14	4.74	0.910	0.055
16	235.11	3.56	1.080	0.066
17	312.82	4.74	0.939	0.057
18	235.56	3.57	1.109	0.067
19	314.09	4.76	0.959	0.058
20	227.93	3.45	1.135	0.069
21	293.99	4.45	1.016	0.062
22	294.07	4.46	1.151	0.070
23	294.39	4.46	1.286	0.078
24	186.25	2.82	1.501	0.091
污染物浓度限值			70	1.0

近期阻滞工况(车速10 km/h)计算结果如表14所示。其中,一氧化碳(CO)浓度最大值为11.509 ppm,二氧化氮(NO_2)浓度最大值为0.953 ppm,满足地下道路一般阻滞工况下通风设计标准。

表 14　近期阻滞工况(车速 10km/h)计算结果

分支编号	风量 Q (m^3/s)	风速 v_r (m/s)	CO 浓度 (ppm)	NO_2浓度 (ppm)
1	63.56	0.96	1.613	0.133
2	60.80	0.92	3.245	0.269
3	49.72	0.75	5.176	0.428
4	68.24	1.03	5.274	0.437
5	50.72	0.77	7.087	0.587
6	69.12	1.05	6.683	0.553
7	50.87	0.77	8.435	0.698
8	69.25	1.05	7.676	0.635
9	50.89	0.77	9.388	0.777
10	69.27	1.05	8.377	0.693
11	50.90	0.77	10.062	0.833
12	69.28	1.05	8.872	0.734
13	50.90	0.77	10.537	0.872
14	69.28	1.05	9.221	0.763
15	50.90	0.77	10.872	0.900
16	69.28	1.05	9.467	0.784
17	50.90	0.77	11.109	0.920
18	69.28	1.05	9.641	0.798
19	50.90	0.77	11.276	0.933
20	69.27	1.05	9.764	0.808
21	50.93	0.77	11.393	0.943

续表14

分支编号	风量 Q (m^3/s)	风速 v_r (m/s)	CO 浓度 (ppm)	NO_2浓度 (ppm)
22	69.36	1.05	9.844	0.815
23	49.75	0.75	11.509	0.953
24	67.36	1.02	10.021	0.830
污染物浓度限值			100	1.0

远期阻滞工况(车速 10 km/h)计算结果如表 15 所示。其中,一氧化碳(CO)浓度最大值为 11.034 ppm,二氧化氮(NO_2)浓度最大值为 0.661 ppm,满足地下道路一般阻滞工况下通风设计标准。

表 15 远期阻滞工况(车速 10 km/h)计算结果

分支编号	风量 Q (m^3/s)	风速 v_r (m/s)	CO 浓度 (ppm)	NO_2浓度 (ppm)
1	48.10	0.73	1.473	0.088
2	61.53	0.93	2.302	0.138
3	79.36	1.20	2.678	0.160
4	58.01	0.88	3.899	0.234
5	76.25	1.16	3.895	0.233
6	57.53	0.87	5.126	0.307
7	75.82	1.15	4.824	0.289
8	57.49	0.87	6.056	0.363
9	75.78	1.15	5.529	0.331
10	57.48	0.87	6.761	0.405
11	75.77	1.15	6.064	0.363

续表15

分支编号	风量 Q (m^3/s)	风速 v_r (m/s)	CO 浓度 (ppm)	NO_2浓度 (ppm)
12	57.51	0.87	7.295	0.437
13	75.80	1.15	6.469	0.387
14	57.49	0.87	7.701	0.461
15	75.79	1.15	6.777	0.406
16	57.50	0.87	8.009	0.480
17	75.78	1.15	7.011	0.420
18	57.64	0.87	8.240	0.494
19	76.10	1.15	7.172	0.430
20	56.25	0.85	8.431	0.505
21	72.03	1.09	7.567	0.453
22	72.08	1.09	8.544	0.512
23	72.07	1.09	9.527	0.571
24	47.01	0.71	11.034	0.661
污染物浓度限值			100	1.0